脱稿讲话与即兴发言

成就人生的口才技巧

簌簌——著

中国华侨出版社
·北京·

脱稿讲话与即兴发言

成就人生的口才技巧

簌簌——著

中国華僑出版社
·北京·

前言

preface

目前在需要当众讲话的场合，有些时候，发言稿早已写好发到与会人员手中，讲话者上台只不过是朗诵一下。开会的时候照本宣科，无稿不成言，无稿不成会，无稿心就慌，这种唯“稿”独尊、目中无“人”的讲话模式常常让听众昏昏欲睡，难以收到预期的效果。这其中的原因可能是工作过于繁忙，自己没时间准备；也有怕脱稿发言失语，引发不必要的麻烦，索性照稿子一字一句念；还有的存在懒惰思想。

常言说，心无二用。说的是人在一个时间点上脑子只能想一件事。读稿时，脑子要高度紧张地看文字，念字发声，害怕念错，就不容易出现形象生动的画面，所以读出来的语言就容易平淡，不生动。所以，脱稿讲话就显得尤为重要。那么，脱稿讲话有什么好处呢？

脱稿讲话与即兴发言时，脑子在组织语言时有生动形象的画面出现，有画面，就会触景生情，语言自然生动形象，抑扬顿挫。读稿，眼睛要一直看着文稿，无法和观众进行视觉交流；脱稿演讲，眼睛不用看稿子，能够一直看着观众。而眼睛看观众有三个好处：一是可以让眼睛说话，眉飞色舞，表达自己的喜怒哀乐；二是可以和观众进行眼神交流，传达自己对他们的关注；三是可以观察观众的反应，及时调整自己的思路和语言。

文字稿，讲究结构严谨、语言准确，并且有字数限制，不能超时。一旦你要读稿时，文字稿就形成了一个框框，框住了思维和语言。时间有限，你要严格按照文稿将全文读完，不能随便插进即兴语言，也不能随意停顿，才能保证不超时。而脱稿演讲时，只有一个大概提纲，在讲的时候可以现场调整思路和时间，还可以结合现场情况增减讲话内容。

在今天这样的信息时代，人们的文化视野、交际视野开阔了，有越来越多的场合需要公开地发表意见、用语言来打动别人。自我推荐、介绍产品、主持会议、商务谈判、交流经验、鼓励员工、化解矛盾、探讨学问、接洽事务、交换信息、传授技艺，还有交际应酬、传递情感和娱乐消遣都离不开脱稿讲话与即兴发言。另外，看一个人是否有能力，这些能力能否表现出来，在很大程度上取决于他是否能脱稿讲话与即兴发言。因此，脱稿讲话与即兴发言就成了衡量一个人是否有能力的重要标准之一。

脱稿讲话与即兴发言是个人魅力的集中展示，无论是在严肃的工作场合还是平时的聚会活动中，发言讲话采用脱稿的方式，才会让听众更愿意接受。本书不仅有适用于脱稿讲话与即兴发言的理论基础，更有具体场合的说话方式，分别从欢迎与欢送会、就职仪式、颁奖仪式、主持会议、生日聚会、婚礼宴会等多个场合为大家展示脱稿讲话与即兴发言的技巧，其中一些精彩的范例更是能让大家获益匪浅。希望本书能让每一位读者朋友克服脱稿讲话与即兴发言的恐惧，并在以后的类似场合轻松应对，出口不凡。

目录
CONTENTS

序章

是什么让我们无法脱稿

作为一名演讲者，不但要有良好的语言表达能力，同样需要注意自己的仪表和风度。

拆掉失语的墙，关键是讲出自己的话

第一次走上讲台，面对那么多的观众时，多数人会心生胆怯，变得紧张起来；一紧张就忘记自己要说什么，脑中出现一片空白，说不出话来。还有一些人在登上讲台之前，就会过早地感到紧张。甚至对有些人来说，这种紧张的状态从接受讲话邀请时就已经开始了。通常，我们参与活动的时间越长，紧张的状态便持续得越长，严重者甚至讲不出话来。

其实，每个人在脱稿讲话的时候，都会有紧张的心理，这是正常的。为了正确地克服紧张的情绪，我们不妨追本溯源，弄清紧张的根本原因，然后才能对症下药，合理地克制紧张的情绪。紧张的原因有很多，具体表现为以下几点：

首先，它源于对评价的忧虑，这是产生紧张心理的最主要原因。在任何存在评价的场合，人们往往容易紧张，难以发挥自己的正常水平。这也就不难解释为什么运动员平时训练时做一万次都不会失误的动作会在世界大赛中出现失误。

其次，听众因素使讲话者产生压力。听众因素包括听众的层次、人数、熟悉程度、听众观点诸多方面。如果听众的社会地位、知识层次、地位级别都比讲话者要高，讲话者则容易产生紧张情绪；同时演讲者的紧张程度和听众人数往往成正比，听众人数越多讲话者越容易紧张。

最后，准备得不充分。如果讲话者对于自己所说的主题不了解，内容和材料没有准备好的话，心里没底气，一上台就会紧张，一紧张就会卡壳，甚至说不出话来。

在了解什么原因导致了自己的紧张之后，我们就可以根据自己的情况找出方法，不断练习，并最终克服这种原因带来的紧张。下面的几个方法会帮助讲话者克服紧张情绪：

第一，脱稿讲话者应该认识到紧张感是一种正常的现象，是在脱稿讲话的时候不可避免的情形。古今中外，许多优秀的语言大师，如林肯、丘吉尔等，他们的第一次演讲都是因紧张而以失败告终的。对此，讲话者应该有一个清醒的认识，明确告诉自己：演讲紧张心理的产生是必然的，但同时也是可控的。这正如许多短跑名将的情况一样，不管他们有过多少次比赛经验，不管他们取得过怎样的辉煌，但每当站在起跑线上准备起跑时，紧张感总会伴随着他们。

第二，讲话者要有充分的准备。讲话者要使自己的脱稿讲话更出色一些，就需要把讲稿词记得更熟一些，只有把态势语和口语设计得更加精细一些，才能表达得更出色。比如你可以找几个朋友，让他们作为你的听众，在他们面前试讲一番，对于自己讲话时的状态，可以让朋友多多提建议，好在正式的讲话前及时修改。

此外，在正式脱稿讲话的时候，不要只想着背稿子，还要看看之前的人讲话的状态，以此为借鉴，不要出现和他们类似的错误，这样在自己讲话的时候，就不至于太紧张了。

第三，调整心理状态，内心充满自信。法拉第不仅是英国著名的物理学家和化学家，也是著名的演说家。当人们问及法拉第演讲成功的秘诀时，法拉第说："他们（指听众）一无所知。"从此，这句话就作为法拉第的演讲秘诀而流传于世。

法拉第是一个谦逊诚恳的人，他说的这句话绝没有贬低和愚弄听众的意思。他只是启示讲话者，必须建立演讲获得成功的信心。事

造成紧张、恐惧心理的原因

具体来讲，造成当众说话紧张心理的原因主要有两种：

1. 不想出丑。这些人的想法是，只要自己不在他人面前暴露自己的短处，别人也就不会知道自己的缺点。

2. 不知道该如何组织说话的内容，就像被硬拉到一个陌生的世界一样，所以会感到惊慌。

根据上面的原因，我们可以有意识地进行改变，比如，提前做好准备，多训练自己的胆量等。

实上，不少讲话者对听众做了过高的估计，以致对自己的演说缺乏必要的自信。“他们一无所知”就是说讲话者根本不必要担心在某个地方出问题，即使是某个地方卡了壳，只要你不停止讲话，不失语，懂得随机应变，放心大胆地去讲，不动声色地做出调整，听众也听不出来，就算是高明的专家听了出来，也只会暗暗钦佩你的灵活机智，会对你有更高的评价。

第四，端正演讲动机，减轻心理负担。不要把目标定得过高，对于不切实际的期望要有客观的分析。如果把脱稿讲话的意义片面夸大，甚至把这次讲话与个人终身的成就、事业和幸福等紧紧联系在一起，讲话还未来临，就已经惶惶不可终日了。带着强烈的求胜动机和沉重的心理负担去准备，结果情绪焦虑程度越来越强烈，到了发挥时却事与愿违。因此，讲话者要学会适度降低求胜动机，减轻心理负担，真正做到轻装上阵。

第五，避免机械背诵演讲稿。逐字逐句地背诵讲稿，很容易在面对听众时发生遗忘，即使没忘，讲起来也会显得十分机械。美国前总统林肯曾说过：“我不喜欢听刀削式的、枯燥无味的讲演。”显然，背诵演讲稿对讲话者可能是一种必要的准备方式，但是，背诵不是机械记忆，逐字逐句地记忆不仅耗费大量的时间，而且容易形成心理麻痹。在实际的讲话过程中，一旦因怯场、听众骚动、设备故障等突然出事而极容易出现“短路”现象。因而，在准备脱稿讲话的时候，要列好大纲，根据自己的思路组织语言来打动听众。

总之，了解了以上消除紧张的方法，我们在以后脱稿讲话的时候就不会因为紧张而没话说了，也不至于因为紧张而忘词。只要肯多下功夫，就会发现这种上台恐惧的心理，很快便会减少，直至完全消失。

心里没底怕犯错误

在传统的观念里，很多人如果底气不足，就不会去做某些事情。在当众讲话时，如果手里拿着讲稿，就会觉得底气十足，认为肯定不会在讲话中出错，这也是很多人之所以依赖讲稿的原因。手里没稿，心里就没底，心里没底就可能会犯错误。

现如今，随着社会发展，虽然人们已经逐渐地摆脱念稿的形式，但还是不能完全地脱稿，尤其在各种会议中，仍有一些念稿子的现象，这有两个重要的原因：

一是对自己的工作、对会议的议题心里没底。

二是怕说错话，怕担责。

有些人在脱稿讲话的时候心里没底，怕犯错误。每次公司组织会议让他们发言的时候，他们总是拿着稿子念，不顾稿子上写的是否属实，都会一一照念，这就严重地影响了工作成绩。

为什么很多人在脱稿讲话时会心里没底呢？是因为准备得不够充分，还是因为缺乏自信呢？很多人都把原因归结为后者，也就是缺乏自信上。其实，仔细想想，或许有这一方面的原因，可只要自己准备得足够充分，又怎么会心里没底呢？归根结底还是对自己要说的话不熟悉，不知道该讲什么，怕自己所说的话得不到听众的认可，怕犯错误，甚至害怕在众人面前破坏自己的形象等。

孙先生是一家建筑公司的项目经理，他主要负责监控项目工程的进度，及时做出统筹和调配，以确保各项工作顺利有效进行。他对工作非常认真，他负责的每一个项目都亲自去调查，不敢有丝毫马虎，因此也得到了领导的器重和赞赏。

有一次，领导派他去勘察一个项目，把调查的情况写成书面报告。孙先生在接到任务后，立刻动身，他把这个项目的每一项情况都调查得非常详细，并且做了详细的记录，回去之后，他详细地写成了报告，并且在向领导口头汇报的时候不看自己写的材料，就能直接把项目的各项情况以及对策都说得条理清楚、详细明了，领导对此非常满意，也很赞赏孙先生脱稿讲话的能力。

显然，因为心里有底才不念稿，才敢脱稿。孙先生对自己的各项工作，做到心中有底、心中有数，这样他就能在领导面前“畅所欲言”，更没有照着稿子念，这样的精神值得每一个讲话者学习。

除了上述的方法之外，我们还需要转变说话的方式。在当众讲话时，即使很胆怯，也不要让别人一眼看出来。相反，如能在开场的时候，底气十足地把话讲出来，这样也是从内心给自己鼓劲，增强自己的信心。

没有养成积极主动脱稿讲话的习惯

生活中你会发现，周围总会有一些人在发言的时候，总是照着稿子念，无论大会、小会，还是长会、短会；无论是发言讲话，还是主持致辞，所有要说的话全写在稿子中……这就逐渐形成了被动的坏习惯，这也是大多数人的通病。为什么脱稿讲话这么难，其中很大一部分原因是依赖讲稿，没有养成积极主动脱稿讲话的好习惯。

其实，这样的主动习惯应该从小就开始培养。很多人之所以不敢进行脱稿讲话，畏首畏尾，是因为他们习惯了在这样的场合“念稿子”或不说话，害怕在听众面前失语、失态，甚至担心会出现尴尬的局面。

要知道，脱稿讲话没有想象的那么难，只要我们改掉被动的习惯，采取积极的主动的态度，抓住随处可见的说话机会多加锻炼，我们都可以成为脱稿讲话的高手。据崔永元、白岩松身边的朋友透露，他们的共同特点是喜欢讲话，有机会必说，有场合必讲。久而久之，他们练得思维敏捷、机智诙谐，且思想有深度。像俞敏洪、马云更是不用说，在创业的过程中，大家可以想象，带团队需要讲话；融资需要说服投资人；面对媒体需要机智反应；洽谈业务同样需要能言善辩，他们摸爬滚打这么多年，练就的一副好口才靠的正是主动多说多练的习惯。

练习脱稿讲话也是如此，我们只要多留心周围的事情便会发现，商业、社交甚至邻里间的活动都是开口说话的好机会。只要我们能够主动开口说话，并且抓住一切机会不停地说，即便开始时比较难，也会在多次尝试之后熟能生巧，最后成为健谈者。

千万不要以为日常说话不需要什么口才。其实，练习口才的人应该把每一句话都说好，口才好的人一开口就能说上一句好话、一句动听的话。这恰如练习书法的人一样，必须首先练好每一个字；一个书法好的人，一动笔就能把一个字写好。所以，我们绝不能轻视日常生活对话。

练习口才与其四处找寻机会，不如在家里先练好。有人说：“家庭是练习好口才的第一个场所。”是的，当你在家里的时候，你能给自己的孩子讲清楚一个寓言故事吗？如果不能，就得去找一本儿童文学看看，再来训练，并融合一些有用的趣味知识讲给你的孩子听，使他觉得有趣而想听。这样你便会渐渐了解孩子的语言，懂得如何与他们交谈了。另外，在家庭中难免会遇到一些琐碎的事情，比如经济收支问题、子女教育问题、卫生保健问题、饮食起居问题。如果你能够很好地与家庭成员进行沟通与交流，那么你的讲话能力就会取得明显的进步。

在一些社交场合，也要养成主动说话的习惯。我们要尽量地找寻能够当众讲话的机会，锻炼自己说话的胆量。比如说在生日聚会上，你要在合适的时机为宴会致辞；在同学聚会上，你要勇于站出来，向同学们展示内心的想法或者是抒发内心的感情，既活跃了现场的气氛，同时也能锻炼自己讲话的能力。要注意的是，我们不要在聚会上浪费任何一个可以开口的机会，即使是几个同学闲聊也要抓住机会，因为只有在小的场合讲好，才能为大场合讲话奠定基础。

除了家庭、社交场合，我们不要忘记自己身边的朋友，因为与朋友们谈话也是练习口才的一个重要途径。每个人都有自己的朋友圈，由于年龄、地域、阶层、职业等方面的不同，需要我们依据朋友的性格调整自己的讲话内容。比如，朋友近日失业了；同事失恋了；亲戚的小商店近几个月没什么起色；邻居家中昨晚被盗……我们为了练习好自己的口才，训练自己的说话胆量，应试着去了解他们的各种情况，好好找他们谈谈，尽量想出能够帮助、开导、启发他们的谈话内容来。这样，无形之中，我们拥有的朋友，我们所了解的谈话内容，都会渐渐增多，自然说话的胆量也会渐渐大起来。

以上这些都是我们练习脱稿讲话的好机会，我们要善于抓住这些机会，时间久了，我们的被动习惯就会逐渐消失，在任何场合都会积极主动地进行当众讲话。不要担心和害怕做不好，只要你相信自己能做好，就一定能把每一次脱稿讲话做好。

依赖讲稿就会疏离听众

在平时的会议上往往会出现这样的现象：在一间会议室里，一些人员在开会，柔和的灯光照在主席台上，也照在了讲话者和与会人员的身上；台上讲话者正襟危坐，手里拿着一沓整整齐齐的讲话稿，正低着头沉浸在自己的演讲中；台下的听众时而翻翻手里的资料，时而将后背从舒服的椅子背中拔出来在笔记本上写上几笔，有的索性就埋进了舒适的椅背中抬头听着讲话者的演讲，大脑也不会转动，甚至不知道讲话者在讲什么，整个会议无趣又毫无生机。

这样一味地照本宣科，当然提不起台下听众的兴趣，也不能吸引他们的注意力。如此依赖讲稿只能让讲话者逐渐地疏离听众，慢

脱稿讲话时如何接近听众

在场的各位，你们的孩子大多也都上学了，那么和上学的孩子应该如何沟通呢？

把听众关心的事纳入演讲

如果演讲内容里有听众所熟知并关心的事，听众便能较快地接受演讲者的观点，演讲就很容易成功。

现在大家看着这两位，他们所演示的就是正常情况下人们见面握手的基本礼仪。

让听众充当演说中的角色

如果演说者能让观众参与进来就能使他要表达的论点更加深入人心。

这位女士说得非常好……

称赞听众

听众会根据自己的立场对演说进行评价，如果听众有值得称道的表现，演说者就应抓住时机予以肯定。

慢地与听众产生距离。这样的讲话往往会造成这样的结果：听众不在意讲话者谈什么，而更多在意的是什么时候能结束这种无聊的讲话。

究其原因，依赖讲稿是罪魁祸首。讲话者在当众讲话的时候只要念稿子，他们就会把更多的注意力放在稿子上，而不去考虑听众的感受，既不会考虑听众有没有听懂，也不会在乎听众是什么样的表情，更不会与听众进行互动。纵使讲话者在乎，但若是听众追问下去的话，稿子上也没有相应的答案，自己更是无言以对，尴尬的场面就会发生。

讲话者要想从根本上解决问题，就应该果断地放弃念稿，进行脱稿讲话。因为成功的脱稿讲话者，他们善于调控听众的情绪，吸引听众的注意力，抓住听众的心理，让听众对他们的话题感兴趣，甚至是如痴如醉。这样一来，不但不可能疏离听众，而且还能缩短与听众之间的距离，从而获得听众的认可和好评。

有一位刚上任的语文老师，在和同学们见面的时候，她是这样做的：

同学们，大家好吗？

我很高兴能和大家站在同一个教室，你们高兴吗？（学生几乎齐声喊“高兴”）我姓郭，是大家的语文老师。

其实呢，我是大家的语文老师，还有一个原因就是本人对英语一窍不通，数学是一知半解，其他学科也是标准的门外汉，不得已只能做做语文老师。但是大家不要笑，记住老师下面一句话：像我这样学好语文，却不一定能学好其他学科，但是学不好语文肯定很难学好其他学科，因为语文是所有科目的基础学科，大家能不能理解？（学生大声说“能”）同学们，汉语是我们的母语，又是这样重要，所以说，你们一定要学好语文，你们应该下这个决心。你们下不下？（学生齐声喊“下”）好，老师这里也做个保证，保证自己在以后的教学中一定全力以赴。有了你们的决心，加上我的保证，我相信我们班的语文课一定会学出个样子来。你们说行不行？（学生喊“行”）

简短的讲话成了一个互动交流的平台，因而才有了活跃的课堂气氛。可以说，她的讲话是成功的，除了简单的自我介绍，她还把语文学科的重要性以幽默的方式给学生们讲解了一遍。一般新任老师来上课之前都会做一番自我介绍，以及对自己所教学科的教学计划进行说明，这个时候都是即兴发挥或者提前打好腹稿，正式介绍时张口就来。试想，如果有位老师拿着稿子做自我介绍，念学科计划，给学生的感觉一定是严肃呆板的，随之对他所教的课程也会失去兴趣。而脱稿说话就不一样了，像范例中的语文老师，脱稿不仅给学生以亲切的感觉，一问一答的形式也拉近了老师和学生们的距离，吸引了学生的注意力，因此取得了很好的效果。

其实，讲话是一种传播信息的方式，如果演讲者像作报告一样，念稿子，唱独角戏，那样很容易使演讲变成一个单向而且单调的发言，效果不理想也是预料中的事。讲话者只有不忘记听众，听众才会给你掌声。

总之，依赖讲稿就会疏离听众，而采用脱稿讲话就能够拉近和听众之间的距离，实现与听众面对面的交流，让现场的每一位听众都能感受到讲话者的热情和想法，在空间上实现更深层次的交流。因此，我们不但要脱稿讲话，而且还要把脱稿讲话讲得精彩。

脱稿讲话能增强交流互动

脱稿讲话重在交流，一次成功的讲话，并不是客观事理的空洞说教，而是思想情感真挚而热情的互动。的确，有一些人在发言的时候拿着稿子照本宣科，搞一个人的独唱，没有和下面的听众做一些必要的互动，像是把自己隔离开来，机械式在重复讲稿上的话语，这样的讲话势必是索然无味甚至会遭到厌倦。因此，我们在讲话时，最好采用脱稿讲话的方式，因为脱稿讲话有助于增强交流，可以采用各种方式增加与听众之间的互动，实现与听众之间的双向交流。

生活中，无数的例子也充分地证明脱稿讲话有助于增强交流和互动。请看这个事例，张先生是北京一家食品公司的经理，他介绍麦当劳连锁经营方式的讲话是这样的：

我想问大家一下，谁到麦当劳吃过饭？（等听众回答）好，基本上都去过。那么大家知道吗，麦当劳在世界上平均每2个小时就建一个店，而且麦当劳的质量好，标准又非常统一，每个店几乎是一样的。你知道是为什么吗？（停顿）因为它采取的是连锁经营的形式。那么什么是连锁经营的形式？简单地说，就是把工业化生产形式运用到连锁企业经营当中。什么是工业化生产形式呢？就是由工厂来生产。比如，咱们穿的衣服，几乎都是买的成衣，都是在加工厂加工出来的，而不是在一个小的服装加工部加工出来的。为什么要在加工厂加工出来？因为加工厂能够把复杂的衣服分解成无数个细小的单元，由专业的设计人员去设计服饰、样品，由专业的人员去裁剪，由专业的机工轧每个部位，由专业的人员锁眼，专业人员进行熨烫，这样就能保证衣服能以最低廉的价格、最快的速度、最好的品质、统一的标准加工出来。所以，从这个意义上讲，麦当劳不是建出来的，而是在流水线上生产出来的。这样才能够保证麦当劳快餐连锁店建店的速度最快、质量最好、标准统一。这就是麦当劳能够在世界上大行其道，每2个小时建一家店，保证它的品质，保证它的标准的最根本的原因。

张先生在整个脱稿过程中，层层深入，带着听众跟着他的思路走，用了五个问号，形成了一条线，清楚明了地向听众阐述出来。最为巧妙的是，他采用提问的方式创造出了他与台下听众专心交流的感觉，制造了轻松愉悦的氛围，从而达到了很好的沟通目的。所以，为了达成有效的互动交流，我们也可以在讲话中设计几个有力的问题，将大大提高讲话的沟通效果。

旧金山的喜剧教练约翰·坎图说:“通过唤起听众情感上的共鸣，让他们参与到脱稿演讲中来。也许在生活中有一些特殊事件对人有很多特别意义——比如说人生中的许多第一次，第一辆车，第一次约会……这些都可以引入到脱稿讲话中去。这里有一件事需要注意——必须讲清为什么你要让听众想这些情感上的东西。它必须与你的讲话有关并且能够说明问题。”的确，找一些可以引起类似感觉的情况，然后将它与你要让听众想象的东西联系起来就行了。

要知道，成功的演讲并不是一个人在讲，而是在场的所有人都在讲。脱稿讲话者，在不念稿的时候，会把更多的注意力放在听众身上，会有更多的机会与观众进行情感和心灵的互动，从而调节现场的气氛为现场增添许多乐趣。

脱稿讲话可以拉近与听众的距离

脱稿讲话可以让讲话者摆脱念稿子的死板状态，以更鲜活的姿态展现在听众的面前；不念稿子，就可以更多地照顾到听众的情绪和感受，想办法设计一些独特的方式来吸引听众，拉近自己和听众之间的距离，这种距离被打破了，才能实现与听众更多的交流和互动，讲话才会更加顺利精彩。

作家老舍在一次即兴发言中是这样说的："听了同志们发言，得到很大好处，可惜前两次没来，损失不小。……今天来的都是专家，我很怕说话，只好乱谈吧。"如此抑己扬人的开场白，如此谦逊坦诚的口吻，一下子拉近了演讲者与听众之间的距离，消除了听众对一位名人可能产生的敬畏心理。另外，老舍说自己是"乱谈"，也就表明自己不是居高临下做演讲，而是平等地和大家交流意见罢了。如此平易近人，自然会获得听众的好感，营造融洽的现场气氛。

在脱稿讲话的过程中，听众虽然处于客体地位，但绝不是被动的"接收器"，而是积极的参与者。如果听众一开始就对演讲者及演讲内容有好感、有兴趣，自然会报以热情；反之，就会视而不见、听而不闻，甚至早早退场。因此，有经验的讲话者都十分注重自己与听众的关系，总会主动地缩短自己与听众之间的距离，从而为现场营造和谐氛围。

传媒大亨比尔在一所大学做演讲，题目是《不要仇恨这个世界》，他用自然而亲切的语言打动了听众，这就拉近了他与听众之间的距离，让听众自然而真切地感受到自己的想法：

我小时候靠卖报养活自己。那个年月，报童有菜园里的蚂蚁那么多，瘦小的便不容易争到地盘。我常常挨揍，吃尽苦头。从炎热的夏日到冰封的隆冬，我都在人行道上叫卖。

一个暮春的下午，一辆电车拐过街角后停下，我迎上去，准备通过车窗卖几份报纸。车正在启动的时候，一个胖男人在车尾的踏板上说："卖报的，来两份。"我迎上前去递上两份报。车开动了，那个胖男人举起一枚硬币却并不给我，只是笑着看着我。我追着说："先生，给钱。"

"你跳上踏板，我就给你。"他哈哈笑着，把那个硬币在两个掌心搓着。车子越开越快。

我把报纸从腋下转到肩上，纵身一跃想跨上踏板，脚却一滑，仰身摔倒……

谢谢上帝，艰难困苦是好东西，我感激它。如果不是它，我不会有今天的成就。不过，我更要感激这个世界，因为它不仅有坏人，而且有更多的好人，靠了这些我才没有沉沦，才没有一味地把世界恨死。

……

比尔以描述小时候的苦难开始，引出主题：“艰难困苦是一件好东西，我们应该感激这个世界。”以自己的亲身经历和感受，贴切地安慰了一颗颗成长的心，一下子就引起了全部听众的共鸣，用真情感动了听众，这就自然拉近了与听众之间的距离，其演讲也自然会取得良好的效果。

第一章

展现内在力量，当众讲话不心慌

在进行脱稿讲话时，讲话者越是自信，听众对其讲话内容也会越相信。

第一节

不可忽视的无声语言

自信的表达首先来自无声语言

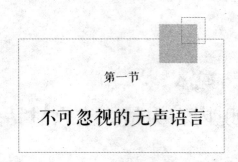

在进行脱稿讲话时，讲话者越是自信，听众对其讲话内容也会越相信。那么，讲话者要如何体现自信的风采呢？除了讲话内容之外，讲话者所表现出来的无声语言是听众首先接收到的信息，也是自信的首要表达方式。因为无声语言具有完全可见的表现形式，直接作用于人的视觉。根据视觉心理学研究，人们从外部世界获得的信息，最重要的渠道是视觉渠道。所以视觉能够传递有声语言难以说清的内心体验和感情。我们都有这样的体会，听人作报告、演讲时，听众在看得见主讲人的场合，所获得的信息的清晰度和精确度比看不见主讲人时要高得多。因此，在进行脱稿讲话的过程中，自信的表达首先来自无声语言。

那么，什么是讲话者的无声语言呢？它就是人的态势语言。社会心理学把态势语言分为两种，一种是有明确意义的，可以代替语言沟通，称为标记物，如点头表示赞成、摇头表示反对或不知道等。另一种是没有确定含义，只是伴随语言的，称为说明物，如衣着打扮、站姿、坐姿、一些手势的运用等。

无声语言有助于形成第一印象。社会心理学中有一个理论叫“晕轮效应”。这一理论认为，人们给予他人的“第一印象”，往往成为对其做出判断的心理依据。态势语言艺术对于讲话者也是如此。心

微笑训练时的注意事项

在进行微笑训练时，要注意以下两点：

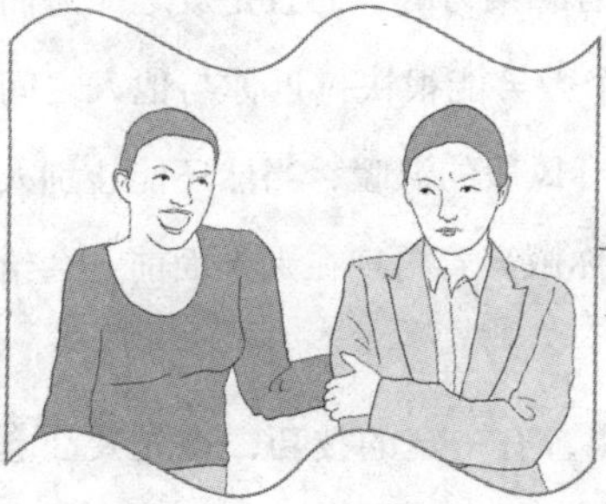

1. 不要笑过头了，过头嘴会咧得太大，给人一种不雅的感觉，而不是自信。

2. 不要出现皮笑肉不笑的现象，这样除了让人感觉不舒服之外，也有可能使人以为你是太过紧张，就与想要表现自信的目的背道而驰了。

在演讲中也是一样，听众是很敏感的，他们能够分辨出真笑和假笑，只有真诚的笑才能感染听众。

理学家雪莱·蔡根曾做过一个实验。他在莫萨立特大学挑选了 68 个自愿实验者。这些被试者，在口才、外貌和对事物的理解力、判断力上，无甚差别，但在风度仪表方面则差距明显。事先安排，这些被试者分别征求 4 位素不相识的过路人的意见，希望得到他们的支持。结果，风度翩翩者稳操胜券。这就说明，态势语言技巧高超，给人的“第一印象”好，更有利于为自己树立良好的形象和威信。所以，想要对听众传递出你很自信的信息，首先就要在无声语言上下功夫。

在作为标记物的无声语言中，可以用来表示自信的非微笑莫属，而在所有的交际语言中，微笑是最有感染力的，而且是放之四海而皆准的“人际交往的高招”，往往一个微笑能很快拉近你与他人之间的距离，表达出你的善意，以及给人春风般的温暖，当然还能让别人看到你的自信。如果在日常交谈中，你微笑着出现在别人面前，会给人一种从容自信的感觉。

想用微笑达到体现自信的效果，有一定的技巧，首先要注意适意微笑的特点：嘴巴开的程度为不露或刚露齿缝；嘴唇呈扁形，嘴角微微上翘。我国著名的电影艺术家孙道临有一个发明，就是嘴上说“茄子”就可以了。

作为说明物的无声语言，我们从以下几个方面来说说如何表达自信。

首先是衣着打扮。讲话有正式和非正式之分，进行正式讲话时讲话者一定要穿得正规，男士着西装打领带，女士则穿职业套装。非正式演讲对服装的要求不高，但一定要整洁得体，当然有的时候也要与现场氛围协调一致。比如面对煤矿工人发表演讲时，显然穿与矿工一样的工作服或便装要比穿西装的效果更好。另外，衣着也要适当，不宜过薄或过厚，否则容易给自己制造紧张情绪，女性化妆要自然不要浓妆艳抹，一方面要体现对听众的尊敬，另一方面又要让听众感到愉悦。

总之，衣着打扮讲究轻装上阵，女士戴首饰要简单，建议摘下手镯之类的饰物，因为它们会分散听众的注意力。男士的手表一般戴得宽松合适，演讲中由于手势的运用可能会上下移动，假如不幸手表在你激动发挥时突然松了，那么你自己会很尴尬，会影响讲话的效果。

其次是步姿或者说是走姿。就是通过行走的步态传递出信息的语言，与坐姿语和立姿语不同，步姿语是动态的。下面我们着重介绍步姿的类型：

第一种是稳健自得型。行走的时候步履稳健，昂首挺胸，仰视阔步，步伐较缓步幅较大，这种步姿的含义就是“愉悦、自得、有骄傲感”。

第二种是自如轻松型。行走时心情轻松，步子的幅度适中，步速不紧不慢，上身直立两眼平视，两手摆动自然，这种步姿的含义就是“自如轻松，比较平静”。

第三种是庄重礼仪型。行走的时候上身挺直，步伐矫健，步姿幅度和速度都适中，步伐和手的摆动有强烈的节奏感，眼睛正视前方，这种步姿的含义就是“庄重、热情、有礼”。

然后还有站姿。站姿语就是通过站立的姿态传递信息的语言，从一个人的站姿可以看出一个人的状态。有很多人站立时喜欢用一只脚做支撑，有的人喜欢倚靠在什么东西上，这些都不能出现在正式场合，是不礼貌的表现，我们一定要注意挺身直立、脊背挺直、目光平视，表现出愉悦、自信的感觉。

一个演说者的身体姿势是他的内在与外在形象的双重反映。一般来说，演说为了取得效果，大都站着进行。因此，演说者的站姿要恰当。演说一般都是站在前面的中间位置进行的。这个位置可以使演说者能够关注全场，最大限度地注意到周围听众的情绪，使处在不同位置的听众都能从各自的角度看到演说者。演说者选择位置一定要注意到光线，要让光线照着自己。因为听众需要通过对演说者动作的观察来领会演说的内容。另外，演说者应注意站姿，主要是做到使站姿有利于演说，有利于走动和活动，有利于发音。亚里士多德认为，一个人身体姿势上的一切过多无意义的举动，足以表明一个人的浅薄、轻浮、胆怯或者狂妄。

从站立的姿势看，一般提倡“丁”字步：两腿略微分开，前后略有交叉，身体的重心放在一只腿上，另一只则起平衡作用。这样不显得呆板，既便于站稳，也便于走动。不少演说家讲究站姿。站立的姿势适当，演说者会觉得全身轻松、呼吸自然、发音畅快，特别有助于提高音量，做慷慨激昂的演说。也只有站姿才能使身姿、手势自由，把自己的形象充分地显露出来。

演说者走上台时，首先要站稳，双臂要沿着身体两侧下垂，然后双手轻搭在体前，双眼要直视前方，脊背挺直。这是讲话时的基本姿势。这样才能使听众感到这个人各方面都是很稳重的，从而获得良好的第一印象。

坐姿也需要注意。坐姿包括就座和坐定的姿势，入座时要轻而缓地走到座位前，转身轻轻坐下，不应发出嘈杂的声音，坐下后上身保持挺直，头部端正，目光平视前方或交谈对象，后背稍靠椅背。在正式场合或有尊者在座时，不能坐满座位。非正式场合允许坐定后双腿叠放或斜放交叉。

无论哪一种坐姿都要自然放松，面带微笑，双手不应有多余的动作，双腿不宜分开过大，也不要把小腿放在大腿上，更不要把两腿直伸或不断抖动，这些都是缺乏教养的表现。

孙中山曾这样告诫人们，“处处出于自然”“不可故作惊人模样”，这样才能博得人们的信任。

和听众目光交流并调控听众目光

在脱稿讲话技巧的培训中我们常遇到这样的问题：“该怎样保持与听众的交流？”中国有个词语：眉目传神。一语道破答案！眼神的交流就是人际间最能传神的非语言交流。眼睛是心灵的窗口，目光的交流就是心灵的交流。脱稿讲话中好的目光交流，可以吸引听众注意、体现讲者自信、优化讲者形象；而差的目光交流，则让人感觉缺乏自信、姿势僵硬。一句话，脱稿讲话中目光交流很重要。

很多人从上台后就一直低着头讲，要不就一直背对着听众讲，只看投影不看听众。这些都没有正确运用目光去与听众进行交流和接触。在开口前，应该先与听众进行目光交流，环视全场，让自己的情绪稳定下来。而讲话过程中也要与听众进行目光交流，特别是坐在后面和坐在前排两侧的听众。运用目光交流可以获得并掌握听众的注意力，建立相互的信任；另外，还可以通过目光接触来回应听众，阅读听众的表情。

与听众的目光交流也有个速度的问题，比如有的人在演讲时为了达到和全场听众的目光接触，目光便一直左右逡巡，飘忽不定。这样做会让听众觉得很不舒服。目光接触的速度要适中，要慢慢环视，而非扫视。目光接触时强调进行全场接触，但我们不要忽略重要听众，对他们要多花点时间进行目光交流。因此事先花点时间研究听众是很必要的。但对重要听众也不要紧抓不放，让人感觉如坐针毡。对一个人的目光关注不要超过两分钟。

无论是公开演讲，还是其他艺术表演形式如话剧、歌唱，演讲者和演员都会在大部分时间面对观众，目的就在于保持与观众的目光交流。这样可以与每一位听众都有一对一的交流，及时了解听众的情况，积极地促进听与讲互动。很多人忽视运用目光与听众交流，所以在台上会不自觉地把身体转向演示屏幕，背对听众，这是公开讲话的大忌。这样既不尊重听众，也是对所讲内容不熟悉的表现。如何有效运用目光创造效果呢？目光是人用来交流的重要法宝。日常生活中人们在目光交流时会自然运用各种技巧，如环视、注视、虚视、盯视、凝视等，人通过调节眼球的位置、转动的速度、角度来变换目光。目光配合表情，可以确认沟通是否成功。

在脱稿讲话中如果有观众没有专心听、叽叽喳喳，你可以暂时停下来，给予一点制止性的眼神，说话者自会领悟并知趣地停止；对于想发问但欲言又止者，应投以鼓励赞许的目光，给他们勇气，让他们壮起胆子提问题，使气氛活跃起来。更重要的是，脱稿讲话者注视着听众，还可以察言观色，观察听众的反应，捕捉细微的动向，在必要时插一些话，既能稳定场内情况，又能体现演讲者的机敏和应变能力，有时能收到意想不到的效果。

脱稿讲话时，一方面要注意与听众的目光交流，另一方面还要注意调控听众的目光，以帮助听众尽可能多地接受你所传递的信息。

据有关研究显示，传递到人脑的资料中，87% 来自眼睛，9% 来自耳朵，4% 来自其他器官。这就给我们一个提示，在讲课或演讲中，要尽可能使用画面性的语言，虽说听众是在听你讲，但能让听众通过你的语言看得见、摸得着你所表达的内容，这样会大大地增强你的演讲效果。

在演讲或教学中，现在普遍采用多媒体作为辅助，要注意的是，如果你说的内容不是直接与画面有关，听众只能接受你 9% 的信息，若是你说的内容与画面有关，听众看着画面也仅能吸收 20%。如果你要想收到较好的视听效果，请用激光教鞭指着画面内容。这样做的直接效果是控制了听众的目光，等于也把听众的注意力集中在了你所表达的内容上，他们既在看，又在听你说，这样你传递的信息就会使听众有最大量的吸收。

从这一点上讲，反过来也在提醒我们，在脱稿讲话时，手势或小动作不要太多，多了会分散听众的注意力，影响听众对你所说内容的理解和吸收。总之，在进行脱稿讲话时，注重与听众的目光交流并能很好地调控听众的目光，可以更容易实现讲话的目的，也是体现讲话者控场能力的因素之一。

手势有助于厘清思路

在演讲场合，也许你见到过这种情景：有的演讲者从一上台到结束，两手始终下垂于裤线，一直保持着立正的姿势；有的演讲者像害羞的小姑娘，总是捏着自己的小手指；还有的演讲者，好不容易伸出手来，可是很不合时宜地胡乱比画了一下……生硬？沉闷？别扭？其实，这是因为他们忽略了手势在演讲中的独特作用。有的学者说："为了强调某个重要的观点，手势能拉近你和听众之间的距离。"而演说者与听众的距离拉近时，亲密感就会随之产生。

在演讲的态势语言中，手势的使用频率最高，视觉感受最强，有人这么说过，手势是演讲者的第二张脸，它能够传递奇妙的无声语言。因此，掌握和运用好手势，不仅可以吸引听众的注意力，而且也能使听众通过视觉的帮助而获得对演讲的深刻印象。

演讲时还可以使用手势来表达复杂的、抽象的概念，让听众在联想中获得具体的形象和强烈的感受。例如："祖国，请相信我吧，永远忠于您的，是一颗火热跳动的心！"你若把右臂抬起，手抚胸口，就象征了一种忠诚的意念。

演讲的手势是灵活多变的，但无论运用什么样的手势，都必须有助于演讲者表情达意，有助于听众对演讲内容的理解。这才是运用手势的根本目的。

演讲中，自然而安稳的手势可以帮助演讲者平静地说明问题；急剧而有力的手势，可以帮助演讲者升华感情；稳妥而含蓄的手势，

演讲中要避免不恰当的手势

手势语言运用得是否恰当自然，直接关系到演讲者的形象。

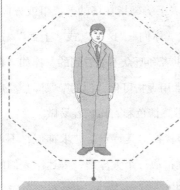

要避免像木头人一般站立着，两手无力地下垂或在后背相交，自始至终只用一个手势动作，显得呆滞死板。

也要防止手势动作泛滥，轻佻作态，前松后紧，前紧后松，前后脱节等现象。

更要纠正手上的小动作。比如，玩弄扣子或不断地用手抚摸领带，或用手指对方鼻子等不良习惯。

总之，在演讲中要正确地运用手势，还需在口才实践中不断地加强自身的修养，努力做到手势动作优雅、适当贴切，充分发挥手势语言传情达意的功用，增强口才表达的效果。

可以帮助演讲者表明心迹。演讲的手势可分为四类：

一是指示手势。这种手势是用来指示具体真实形象，又可分为实指和虚指两大类。实指是指演讲者手势确指在场的人或事或方向，且均在听众的视线内。如“我”或“你们”“这边”或“上面”“这些”或“这一个”等。虚指是指演讲者和听众不能看到的。比如“在很久很久以前”“在遥远的地方”。常用虚指可伴“他的”“那时”“后面”等词。指示手势比较明了，不带感情色彩，比较容易做。

二是模拟手势。用手势描述形状物，其特点是“求神似，不求形似”。比如用双手合抱，把梨子虚拟成一个大球形，表达出人们的真情实意。模拟手势信息含量大，升华了感情，有一定的夸张色彩。

三是抒情手势。此手势在演讲中运用频率最多。比如，兴奋时拍手称快；恼怒时挥舞拳头；急躁时双手相搓；果断时猛力砍下。抒情手势是一种抽象感很强的手势。

四是习惯手势。任何一位演讲者都有一些只有他自己才有而别人没有的习惯性手势，且手势的含义不明确不固定，随着演讲内容的不同而体现不同的含义。

此外，演讲的手势贵在自然。因为自然才是情感的真实流露和体现，才能给听众以赏心悦目的美感，而任何矫揉造作的手势都只会引起听众的强烈反感。所以，演讲者的手势要做得舒展大方，又自然流畅，既不可过于张狂，也不能过于拘谨。总之，每一个手势都要随着演讲者的情感活动自然形成和外现。即使是预先设计的手势，也要让听众感觉是情感所致，非做不可。只有这样自然的手势，才能拨动听众的心弦。

演讲的手势是不可能单独运用的。它总是和演讲者的声音、姿态和表情配合在一起的。这种配合必须是适当的、协调的。比如手势的起落应当和话音同时，手势动作需要同姿态结合，手势必须与表情一致。和谐产生美，只有和谐的手势，才能给听众以独特的美感。

演讲的手势是从生活中提炼出来的，它追求的是简单明了、精练生动的表达效果。因为复杂模糊的手势会让听众迷惑难解，而烦琐拖沓的手势又会使听众烦扰生厌。所以，演讲者的手势须简洁明快、干净利落，切不可哗众取宠、拖泥带水。

演说家的经验表明，手势的运用要注意适当、有节。说话连着动手是许多人的习惯，但多了就不好。一般来说，我们日常生活中说话多数是无须用手势的。脱稿讲话时可根据需要而多一些，但也不要滥用。有的演说者认为有手势比无手势好，手势多比手势少好，这实际上是误解。令人眼花缭乱的手势只能显露出自己的慌乱，无其他任何意义。不要以为呆板不动是可笑的，世界上最可笑的是说话时无节制地挥动手臂。另外也有人认为，有说服力的手势是根据讲话时带有情感的声音而定的，如果讲话者一开始就频繁地运用手势，那就会使人厌烦，手势也就丧失了效果。

魅力表情的传达

进行脱稿讲话时，讲话者还应该注意自己的外部形象。一个人如果“形象”很糟，往往会让别人“以貌取人”，导致失败。人们面部表情、身体姿态集中表现人的形象。人的这种种表现有时是无意的，有时是有意的。

讲话时，讲话者的面部表情也是很重要的。因为，从某种意义上讲，脱稿讲话是一种信息表达。一位心理学家用这样的公式来反映信息表达：一个信息表达＝7%语言＋38%声音＋55%面部表情。面部表情，是指人们在社会交际中，由于外部环境和内心机制的双重作用，而引起面部的颜色、光泽、肌肉的收缩与舒展，以及纹路的变化，从而实现表情达意，感染他人的一种信息传递手段。

我国演讲理论家邵守义说过："脸部是心灵的镜子。这面镜子，是由脸的颜色、光泽、肌肉的收缩，以及脸面的纹路所组成的。它以最灵敏的特点，把具有各种复杂变化的内心世界，如高兴、悲哀、痛苦、畏惧、愤怒、失望、忧虑、烦恼、报复、疑惑等最迅速、最敏捷、最充分地反映出来。"人的面部肌肉组织是由 24 双肌筋交错构成。这些面部肌肉组织所产生的感情表现，不受国界、地区、人种的限制，是对于任何社会的人都通行的交际手段。面部表情语言艺术，主要靠脸、眉、口、鼻四部分来表现，从而形成一个整体形象。

在讲话时，表情的产生首先来自所讲的内容。同时，表情还取决于当时的具体情况，取决于听众和讲话者本人的情绪。面部语言是人情绪变化的寒暑表。许多心理学家的反复试验，已经无可置辩地证明，人的情绪变化，往往在面部上有所表现，人们能够清晰地感受到讲话的内容，并在大脑皮层的有关区域产生优势兴奋中心，从而在讲话者与听众之间产生心理共鸣，起到有声语言有时起不到的效果。当人在对某一事物表示不以为然和轻蔑时，往往脑袋稍偏，嘴角斜翘，鼻子上挑；当人感到诧异和惊讶时，往往口张大，眼瞪开，眉挑高；

当人心情愉快时，往往表现出活泼好动、喜形于色，甚至于手舞足蹈，脸部的肌肉动作往上。

讲话者面部是直接对着观众的，所以在脱稿讲话中讲话者的面部表情就会显得很重要，人的眼睛、嘴形和眉毛的形状和变化构成了完全的面部表情。这三者的不同组合就形成了人的喜、怒、哀、乐、爱、恶、欲等不同情绪。

讲话完毕后，要表现得镇静从容，无论有没有听众表示欢迎的掌声，你都应该面带微笑，表示愉快。有专家认为，人的形象分内在形象与外在形象两种。人的身体姿态是外在形象，人的面部表情反映人的内在形象。对于讲话者来说面部表情十分重要，应该以微笑为基础。在讲话时，讲话者的眼神要尽量正视听众，不要越过听众的头顶，或者凝视远方，或者低头盯着地面。尤其重要的是，不应把自己的眼睛死死盯在讲稿上或讲台上。讲话者正视听众的眼神，是与听众交流思想所必需的；讲话者可以从听众对自己的演说流露出来的情感中了解到听众对自己的外部形象和内在形象的满意度。

总之，人的面部语言是人的心理活动的反映，人往往有什么样的心理活动，就会产生什么样的面部表情。因此，脱稿讲话时讲话者必须注意自己的面部表情，以轻松友好的面孔与听众进行感情交流。时而含笑，时而微笑，时而现出深沉。喜怒哀乐要同内容一致，同观众或听众的情绪和谐，从而为成功的脱稿讲话奠定良好的感情基础。

第二节

不应忘记的表达技巧

语调明快，音量适中

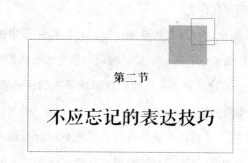

在脱稿讲话中，除了那些无声语言的作用，最重要的当然是讲话本身，而在听众接受讲话内容之前，首先听到的是讲话者的语调和声音大小，所以拥有让人感觉清晰舒服的好嗓音具有很大优势。讲话人要注意控制自己的声音，务必使自己的语调听起来明快舒适，音量大小适中，不能过低犹如自言自语，也不能过高犹如大喊大叫。

一个完整的讲话内容应该是 7% 的文字内容加上 38% 的语调语速加上 55% 的形体语言。由此可见，语调在讲话中起着至关重要的作用。如果一个人讲话的语调从头到尾都是平的，听讲的人就会感觉你讲的话枯燥无味而失去兴趣。我们都知道，在做心电图时，如果人的心脏正常，就会有一条曲线上下波动；如果心脏不跳动，显示的是一条直线，说明人的生命到了尽头。我们听歌也一样，一首歌曲旋律优美、抑扬顿挫才会让人感觉美妙无比。如果从头到尾都是一个调子，可能人们很快就会失去兴趣。其实，我们唱歌有歌谱，讲话也应该有话谱才对。而话谱时刻影响着你的脱稿讲话。例如，你可以尝试很快说出“30 万”，口气显得平和一些，听起来就好像是一笔小数目的钱。然后再说一遍“3 万”，这一次你试着把速度放慢一些，要充满浓厚的感觉，仿佛你对这个金额印象极为深刻。这样听起来 3 万好像比 30 万还要多。

在掌握语调、音量方面，乔布斯就做得很好，他的演讲有张有弛，语速拿捏快慢适中，起承转合驾轻就熟。因为语速和讲话的节奏密切相关，进行示范演示时，他往往会使用正常的语速，阐述标题或主要信息时语速则大大减慢，以使听众能正确接收他所要表达的意思。但经常有人在进行脱稿讲话时，一上场什么都忘了，只顾着把内容讲完，从头到尾都一样的速度。如果这样，听众很可能都会睡着。所以，语调的快慢对于讲话能否吸引听众非常重要。

一般想要表达兴奋、急切、激昂、愤怒等情感时，讲话语调较快，连珠炮般快速讲话，能使听者产生亢奋的心理和紧迫感。但如果速度太快，容易让人听不清楚，对主要观点难以形成深刻印象，上句还没反应过来，下一句就到了，来不及思索和消化，很可能最后也无法理解你要表达的意思。缓慢的语调则用来表达悲伤、沉郁、思索等情感，慢节奏可以留给听众足够多的思考品味时间。同样也不能太慢，太慢不仅会浪费时间，也会显得拖沓，容易令听众失去耐心，还没有听完你的话，就已失去了兴趣，也给人以缺乏力度和激情、对演讲内容不熟悉等错觉，过于平板的语调也容易使人陷入单调的境地，所以，快与慢应该交替使用，讲话时做到快慢结合、快而不乱、慢而不拖、抑扬顿挫、张弛有度。

讲话时，除了要注意控制语调之外，音量的大小也是一个表达技巧。演讲开始说第一句话时要有亲切感，起调不要太高，音量要适中，包括整个演讲过程中都要有意识地调整好自己的音量，要有高有低，有起有伏，不可一成不变，面无表情，特别是眼神的调整也非常重要。

音量应适应演讲的内容。声音纯正悦耳，对方就会乐意倾听；声音尖细而嘶哑，只会让人感到做作，难以忍受。呼吁、号召时自然加大音量，加重语气，但如果一直用大音量或重语气则无法突出重点，反而给人以嘈杂、夸张的感觉。表达激动的情绪时自然用高亢的语调，如赞美、愤怒、质问等，但一直高亢而缺乏起伏易给人矫情作势的感觉。一般情况下以从容、有力作为主基调，适当加入高潮式的高音量和语调为佳。

总而言之，"嗓音是身体的音乐，语调是灵魂的音乐"。一次成功的讲话，除了讲稿内容的精彩之外，讲话人的语调、音量也是关键因素，只有语调明快适中，音量大小合适，才能让听众听到最完美的内容，也才能为这次讲话增添光彩。

停顿，奇妙的"休止符"

停顿也是一种说话的艺术，恰到好处的"停顿"对于一次成功的脱稿讲话具有重要意义。它能促使人们对主题进行深入的关注和思考，使讲话者的信息更加有效而巧妙地得以传达。大部分脱稿讲话者语速很快，好像赶着读完事先备好的阅读材料。多数情况下，是因为他们的阅读资料准备得过多，导致宝贵的讲话时间不够用。而一个经验丰富的讲话者一定懂得利用停顿的作用使整个讲话内容更加完整精彩。

语言表达中需要停顿，在书面形式的写作活动中，标点符号即是起到停顿作用的。在演讲谈话中，停顿可以起舒缓语气、增加语言节奏感的作用。停顿有两类，一是自然停顿，即说话时因为换气的缘故而做的停顿；二是为了追求特殊的表达效果而刻意在本来可以不停的地方进行停顿，这属于语言艺术的范围，有时候甚至可以在讲话中做适当时间的沉默以发挥语言艺术的特殊魅力。

据记载，英国政治家赖白斯在伦敦参事会进行劳工情况的讲话时，中间突然停顿，取出金表，站在那里一声不响地望着听众，时间达 1 分 12 秒之久。怎么回事？是他忘词了吗？或是其他原因？参事员们快坐不住了，想不到这时赖白斯却说道："诸位适才所感觉的局促不安的 72 秒长的时间，就是每个普通工人垒一块砖所用的时间。"几乎全球的新闻媒体播了这段新闻，连赖白斯本人也没料到，在讲话时短暂的停顿或沉默竟会形成如此轰动的效果，可见停顿或沉默的力量。

领导者在工作中，例如主持会议、作报告、进行演说时，经常会遇到这种情况：会场秩序混乱，听众交头接耳，开小会，心不在焉，左顾右盼，怎么办？你当然可以把音量放大，将嗓门再抬高八度，去引起听众的注意；有的人还会敲桌子，发脾气，通过高声训斥以平息听众的吵闹喧哗，但这样做未免消极，容易使听众产生抵触情绪，即使会场暂时安静了，也会在心理上增加人们的反感。再说，声音小一点与大一点反差也不大，不太会引起人们的注意。较好的办法是暂时停顿或沉默。

据说日本大正时代著名的雄辩家永井柳太郎成功的秘诀就在这里。当他发现听众中有骚乱、不安宁或者混乱时，他不是扯开嗓门，而是降低声音，甚至完全沉默下来，只有嘴形仍在翕动，像是喃喃自语，神色也特别神秘庄重。听众听着听着，突然台上没了声音，便立刻引起警觉，以为一定有了什么特别的内容，刹那间，沉默创造了肃静。这种做法，实乃上策，正如19世纪英国作家和思想家卡莱尔所说：“沉默与语言相互配合，能创造产生双重的意境。”

在语言交流中，停顿所表达的意义是丰富多彩的。既可以是欣然的赞许，也可以是无声的抗议；既可以是威严的震慑，也可以是心虚的流露；既可以是爽快的默认，也可以是无言的拒绝。“没有一点声音，没有任何喝彩，只有那震耳欲聋的深沉的静寂。”这就是默语的最佳传播效能。

在一定的语境中，停顿能迅速消除言语传递中的种种障碍。就像乐队的指挥举起指挥棒，喧闹的会场会立即安静下来，乐队和演奏员将进入演奏状态一样，使整个现场都将在“沉默中得到控制”。

林肯经常在谈话途中停顿。当他说到一项要点，而且希望他的听众在脑中留下极为深刻的印象时，他会倾身向前，直接望着对方的眼睛，足足有一分钟之久，但却一句话也不说。

这种突然而来的沉默和突然而来的嘈杂声有相同的效果：能够吸引人的注意力。这样做可以使每个人提高注意力，警觉起来，注意倾听对方下面将说些什么。

例如，1858 年林肯与道格拉斯竞选参议员时，两人对于是否要废除奴隶制的问题争论不休。在林肯最后一次辩说词中，他突然停顿下来，默默站了一分钟，望着他面前的听众，他的眼睛似乎满含着未曾流下来的眼泪，他的双手紧紧握在一起，然后，他说道："朋友们，不管是道格拉斯法官或我自己被选入美国参议院，都是无关紧要的，一点关系也没有；但是我们今天向你提出的这个重大问题才是最重要的，远胜过任何个人的利益和任何人的政治前途。朋友们，"说到这里，他又停了下来，听众们屏息等待，唯恐漏掉一个字，"即使在道格拉斯法官和我自己的那根可怜、脆弱、无用的舌头已经安息在坟墓中时，这个问题仍将继续存在、呼吸及燃烧。"替他写传记的一位作者指出："这些简单的话，以及他当时的演说态度，深深打动了每个人的心。"

林肯这段话中，两次使用默语来紧扣听众的心弦，为他的演讲语言增添感人的气氛，从而增强了通篇演说的力量，达到了出乎意料的效果。

美国前总统里根政治生涯的高峰之一是他在 1980 年共和党全国代表大会上发表接受总统候选人提名时的演说，这次演说的高潮是在最后结束之时，里根突然停顿了一下，他环顾了一下台下的听众，接着又把目光投向电视摄像机镜头，大声地说："我想起了一件事，这本不是我演说的一部分，我不知道该不该说。"说到这里，又停顿了一下，接着他又说："我承认，我有些不敢提出我的建议，但是我更不敢不提出这一建议。"他的建议就是请所有在场的人同他一起为他将要进行的“征战”默默地祈祷几分钟。于是全场没有一点声音，只有那深沉的寂静。这次演说巩固了里根竞选总统的共和党党内基础，为他登上美国总统宝座增加了砝码。

里根的第一次停顿，是转换话题，也是演说中的即兴发挥；第二次停顿，则是欲说又止，“犹抱琵琶半遮面”，一是体现自己的真诚

演讲中利用沉默来控场

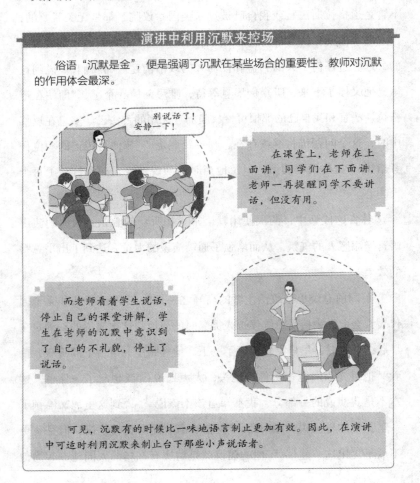

俗语“沉默是金”，便是强调了沉默在某些场合的重要性。教师对沉默的作用体会最深。

在课堂上，老师在上面讲，同学们在下面讲，老师一再提醒同学不要讲话，但没有用。

而老师看着学生说话，停止自己的课堂讲解，学生在老师的沉默中意识到了自己的不礼貌，停止了说话。

可见，沉默有的时候比一味地语言制止更加有效。因此，在演讲中可适时利用沉默来制止台下那些小声说话者。

和勇气，二是激发听众心理的求知欲；第三次沉默，则是虔诚地引导听众一起去“征战”竞选。长达几分钟的沉默，在演说中是很少见到的。一般情况下，当我们转换语言，承上启下，或提出重点，总结中心思想，概括主要内容时就需要适时停顿，而静默的时间一般不超过十秒。特别需要停顿的地方，也以不超过一分钟为宜。

根据演讲的实际需要，停顿可分为以下四种：

1. 逻辑停顿

文字语言中有标点的地方一般需要停顿，但在一个句子中间，为了准确地表达语意，揭示语言的内在联系，可根据文义合理地划分词组，做一些适当的停顿。词组之间的停顿千变万化，是停是连须以表意准确清晰为出发点，做出适当的选择。

2. 语法停顿

标点符号是语句停顿的主要依据。不同的标点符号包含着不同的内容，因此其停顿的时间、方式也不一样。一般情况下，段落之间的停顿时间最长，句号、问号、感叹号停顿的时间次之，逗号、分号、冒号再次之，顿号的停顿时间最短。

3. 感情停顿

感情停顿亦称“心理停顿”，是为了表达语言蕴含的某种感情或心理状态所采取的停顿。恰当地运用感情停顿可使悲痛、激动、紧张、疑虑、沉吟、回忆、思索、想象等各种感情和心理状态的表达更加准确。感情停顿是一种极其重要的语言表达技巧，它能充分展现“潜台词”的魅力，使听众从“停顿”中体会语言的丰富内涵和难以言表的感情，从而使语言更加生动。

4. 生理停顿

生理停顿，即停下来换口气，一般来讲，生理停顿是与以上三种停顿结合在一起进行的。这种停顿必须服从语法、逻辑和事态的需要，一般不单独进行。

停顿的气息处理，必须根据语言的内容合理控制，有时急停，有时徐停，有时强停，有时弱停。这种气息强弱急缓的变化，是停顿表情达意的必要手段。

节奏适中，起承转合驾轻就熟

听语言出色的人说话是一种享受。这是因为他们在讲话时对语言的把握就像一个优秀的指挥家在指挥演奏一首优美的交响乐，在不经意中便演奏出扣人心弦的乐曲。

如果想要成为优秀的脱稿讲话者，就要了解语言的节奏有哪几种，同时按照这些节奏来不断地进行练习。

第一，高亢的节奏。它能营造出威武雄壮的效果，这种节奏下，讲话者发出偏高的声音，同时语气的起伏较大，高亢的节奏能产生强烈的感染力和鼓动性，能够使听众热血沸腾，这样的节奏适合叙述一件重大的事件，宣布重要决定及使人激动的事。

第二，低沉的节奏。这种节奏和高亢的节奏正好相反，讲话者为了营造一种低沉、庄严的气氛，通常使用较低的声音，低缓、沉闷，语流偏慢，语气压抑。低沉的节奏大多在一些郑重的环境中应用，用于具有悲剧色彩的事件叙述，或慰问、怀念、吊唁等。

第三，凝重的节奏。它介于高亢和低沉之间，声音适中，语速适当，重点词语清晰沉稳，比较中庸。这种节奏每个字都要重音来读，体现出一种一字千钧的感觉。凝重的节奏在对一些问题发表议论时比较常用。

第四，轻快的节奏。这种节奏是讲话时常用到的，这样的节奏比较适合大众，容易使人产生融入感。日常性的对话、一般性的辩论，都可以使用这种节奏。

第五，紧张的节奏。紧张的节奏通常用比较快的语速来表达，往往带有一种迫切、紧急的情绪。每句话之间没有长时间的停顿。其目的是为了引起听众的紧张感和注意力，用于重要情况的汇报，或者是必须立即加以澄清的事实申辩等。

第六，舒缓的节奏。和之前的紧张的节奏正好相反，是一种稳重、缓慢、舒展的表达方式。声音不高也不低，语速从容，给人一种安心悠闲的感觉。一般说明性、解释性的叙述、学术探讨等类型的演讲都可以运用这种节奏。

作为一名脱稿讲话者，根据自身讲话的内容和性质选择合适的节奏，才能达到讲话的效果和目的。

为更好地掌握说话的节奏，我们可以从科学运气入手。

气息是声音的原动力，科学地运用运气发音方法可使声音更加甜美、清亮、持久、有力。要达到这个层次，平时要加强训练，掌握腹胸联合呼吸法。其要领是：双目平视，全身放松，喉松鼻通，无论是站姿还是坐式，胸部稍向前倾，小腹自然内收。

吸气方法是：扩展两肋，向上向外提起，感到腰带渐紧，后腰有撑开感。横膈膜下压腹部扩大胸腔体积，小腹内收，气贯丹田。用鼻吸气，做到快、静、深。

呼气方法是：控制两肋，使腹部有一种压力，将气均匀地往外吐，呼气时用嘴，做到匀、缓、稳。

这样的呼吸方法可以进气快，到位深，运气长，好控制。可用下列方法练习：

①咬紧牙关，从牙缝中发出“呲”声，平稳均匀。

②念“一个葫芦，两个葫芦”或“一张球拍，两张球拍”，看一口气能坚持多久。

③喊人“王刚”“小胡”。

④一口气反复念：吃葡萄不吐葡萄皮儿，不吃葡萄倒吐葡萄皮儿。

⑤一口气诵读一首五言绝句或七言绝句，力求清晰、响亮，有感情。

第三节

应当重视的应急技巧

应景语巧应对突发状况

脱稿讲话时遇到意料之外的情况，对大多数人来说可能并不陌生。无论计划多么周密，总会有一些无法掌控的突发状况。那么，面对或善意或恶意的尴尬局面，应该怎样解决才能不影响整场讲话的质量呢？在此，为大家提供几个应对尴尬场面的说话技巧：

1. 顺势牵连

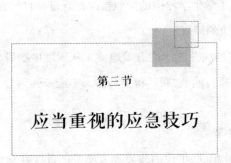

在某个学校的一次期中总结会上，一个数学教师上台发言，刚走上讲台，同学们忽然大笑起来，他感到莫名其妙。坐在前排的一位女生小声对他说："老师，你的扣子扣错了。"老师一看，果真第四颗扣子扣在了第五个扣眼里。局面有些尴尬，迅即这位教师煞有介事地对学生们说："老师想心事了，急急忙忙赶着与你们——来——相——会。不过，这也没什么好笑的。在这次期中考试中，就有同学运用数学公式张冠李戴，比如……"这位老师先用幽默的语言为自己解了围，紧接着又顺势把这意外事件和学生的学习情况联系起来，借此作比，指出了学生学习中的类似错误，既显得自然，语言又形象，很快化解了尴尬的局面。

顺势牵连的应急艺术能有效地使人从困境中摆脱出来，但必须注意“牵”得要自然，“联”得要巧妙，不能牵强附会，否则会弄巧成拙。

2. 借题发挥

美国20世纪30年代的政界要人凯升，首次在众议院发表演说时，打扮得土头土脑。一个议员在他演讲时插嘴说：“这位伊利诺伊州来的人，口袋里一定装满了麦子呢！”这位议员的讽刺挖苦和台下的哄堂大笑并没有使凯升面红耳赤，凯升也没有针锋相对回敬，而是顺着对方的话题，很坦率地说：“真的，我不仅口袋里装满了麦子，而且头发上还藏着许多菜籽呢。我们住在西部的人，多数是土头土脑的。”他的坦率和真诚赢得了听众的好感，使他由被动变为主动。于是，他话锋一转，乘势借题发挥。他说：“不过我们藏的虽是麦子和菜籽，却能长出很好的苗子来！”语言虽然含蓄，但针对性很强，明确地阐明了自己的观点和长处，使演讲获得了很大的成功。

“借题发挥”的语言艺术运用得好，不仅能变被动为主动，使窘迫变得自如，还能化消极因素为积极因素，所以能获得很大的成功。

3. 有意岔题

一次服装展销会上，一位营业员正在向众多的顾客介绍服装的式样，突然听到有个顾客说：“式样不错，老点。”这位营业员一听，马上机灵地接着说：“这位同志说得对，我们设计的服装式样好，又是老店，质量有保证，价格公道……”其实，那位顾客说的是“式样老了一些”，这位营业员怕其他顾客受他这句话的影响，因而灵机一动，利用词的同音关系把“老点”改换成“老店”，岔开了对自己不利的话题，模糊了对方的话题指向，有效地把大家的注意力引导到对自己有利的方面来。

重点突出，讲话不散

在平常的语言场合中，失言是不可避免的。失言的原因是多方面的，但其中最根本的原因，往往是缺乏清晰的目的。语言交流的目的，不只是一种社交上的需要，也不是互相认识和了解一下。

例如，你找一位朋友，请他参加一个团体，或者请一位医生解决一个医疗问题，或是买卖双方谈论生意上的事情，这一类谈话究竟和一般社交性质的谈话有什么不同呢？在有些方面，两者是一样的。例如，你要具有一般的谈话能力，你要能够适应对方，尽可能了解对方的特点；你要有兴趣，态度要友好而真诚，等等。但有些地方却是不同的，这类谈话每次都有一个特殊的目的。

“明确”是言语表达最基本的要求。所谓明确，就是语言明晰，意思确定。讲话者在大多数情况下说的话都应当是明确的，绝不能含糊其词，模棱两可。

讲话要明确，体现了言事的简明性和效率性。讲话者不仅要有深刻而系统的思想体系、明晰的观点，而且还必须学会运用简明扼要、准确精当的言语，恰如其分地表达自己的思想，做到言简意赅、新颖精辟。

坚持话由旨遣的原则，首先要明确当众讲话的目的。目的明确，你的谈话、你的社交往往能够取得良好的效果，只有目的明确了，才知道应该准备什么话题和资料，采取何种说话语体风格，运用哪些技巧，从而做到有的放矢、临场应变。目的不明，无的放矢，不分场合，就难免东拉西扯，叫人不知所云，无所适从。

另外，脱稿讲话的内容要有详有略，这样才能使整个讲话显得有重点，或是要让听众了解重要的信息，或是希望取得听众赞同的看法、认识，或是包含期望听众心领神会并在行动中加以贯彻执行和大力推广的意志、意图，随讲话内容的不同而各有所异。

如果讲话开始提出了重点，那么在主体部分还要进一步加以详细阐述。最理想的效果就是讲话者着重讲话的部分也正是听众印象最深、感触最多的部分。重点表现在一两个问句上的情况很少，绝大部分是集中在由几个段落结合而成的一个层次、一个部分，或集中在一个层次、一个部分的某几个段落上。重点集中是一种方法，当然也可以采用将重点分散在全篇各部分、各层次之中的方法，但要注意必须围绕着主题展开，做到“形散而神不散”。

一般来说，脱稿讲话的目的有以下三种：

第一，传递信息和知识。如课堂教学、学术报告、现场报道、产品介绍、展览解说等一类的谈话。目的是向听者传递一种观点或一些知识，让听者接受或采纳。

第二，激励或鼓动。如赞美、广告宣传、洽谈、请求、就职演说、鼓动性演讲以及聚会、毕业典礼和各种纪念活动、庆祝活动中的

突出重点的方法之一——确定讲话的要点数量

讲话只有目的明确才能让听众更容易听懂，而目的明确就需要做到重点突出，那么在讲话时如何做到重点突出呢？确定讲话的要点，并且还要确定要点的数量。这是因为：

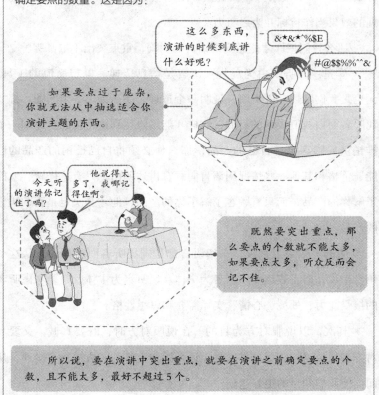

如果要点过于庞杂，你就无法从中抽选适合你演讲主题的东西。

既然要突出重点，那么要点的个数就不能太多，如果要点太多，听众反而会记不住。

所以说，要在演讲中突出重点，就要在演讲之前确定要点的个数，且不能太多，最好不超过5个。

讲话等，旨在加强人们的观念，坚定信心，振奋精神，有时也要求得到行动上的反应。

第三，说服或劝告。诸如商业谈判、法庭辩护、竞选演讲、改革性建议等。此类讲话，大多力图改变对方的某种观念或信念，阻止对方采取某种行动。

因此，每次讲话之前，都要知道自己讲话的目的，清楚："我为什么要讲？""人家为什么听？"预先想一想可能产生的效果，把预期的效果当作目标并为之努力。

那么我们怎样才能做到讲话目的明确，重点突出不散乱呢？

首先，以听明白为前提。语言是信息传递、思想交流的工具。无论是我们陈述一件事情，说明一个道理，还是提出一个问题，都要让听者明白我们说话的目的，这样才能最终达到这个目的。比如一个推销员向顾客推销自己的产品，那么他必须将自己推销的产品的性能、价格和其他一些情况用语言向顾客讲述明白，只有这样顾客才能了解你的产品，而只有顾客了解了你的产品，他才会决定是否购买你的产品。

从语言效果上来说，一切语言都是围绕听者而展开的，从这个角度来说，语言表达要以听者为主体。以听者为主体就是要考虑听者的接受能力、处境、心情、实际需要和思想性格。

其次，以说服对方为目的。在说服对方时，既要真诚，又要为对方着想。这样，无论是交易上还是感情上都和对方进行了沟通，从而促使我们的目的更好达到。

最后，以关心他人为准则。关心别人不仅可以结交不同的朋友，还可以获得更多的主动权。这并不是什么崭新的道理，早在基督降生前一百年，有一个罗马诗人就说过："当别人关心我们时，我们也关心他们。"

提炼关键词提升层次

任何艺术作品都必须有主题，脱稿讲话也不例外。所谓脱稿讲话的主题是指讲话者通过脱稿讲话的全部内容表达出来的中心思想。它是脱稿讲话的“灵魂”和“统帅”，它贯穿脱稿讲话的全过程，材料的取舍、结构的安排、有声语言的使用、情感的处理、态势的设计等，都统统由它调遣决定，听它指挥，为它服务。这样才能形成一个活生生的，统一而完整的脱稿讲话整体。脱稿讲话应该有一个明确而具有积极意义的主题。然而，当主题确定后，如何把它提炼成格调高、内涵深、角度新，并具有一定美学价值的主题，则是讲话者在构思讲话时就必须首先考虑的问题。它直接关系到脱稿讲话的成败。下面就介绍几种提炼脱稿讲话主题的方法：

1. 抓动机

什么是“动机”呢？当音乐家谈到一个动机时，它的意思是指一系列有联系、有特点的声音，音乐家对它们进行艺术加工，提炼为乐曲的主旋律。我们把它移植到脱稿讲话里来，意思是讲话者接触生活、素材、题材时，接收到它们许许多多信息（即意蕴），通过讲话者形象、逻辑、灵感三大思维组成的网络，敏锐地发现和捕捉到一个或几个有特点的“意蕴”，它（们）不是一般的“意蕴”，而是与主题有联系，或是可以发展、提炼和形成主题的“主题意蕴”，这就是“动机”。动机也许只是生活中的一草一木、一雀一鼠、一眼一眉，或一句话、一本书、一出戏、一则新闻、一段资料……在一般人看来，这是平凡的事物，但讲话者却能独具慧眼，抓住它，作为提炼脱稿讲话主题的动机。例如，齐齐哈尔市曹晓燕同学的演讲《做一个神通广大的孙悟空》，谈到她进师范学院前夕，当教师的妈妈送给她一个装满学生来信的匣子，这代表妈妈一生精神财富的匣子就触发了讲话者提炼主题的动机。讲者由“信匣”展开联想，把教师比作会使分身法的孙悟空，能把一个人的智慧、美德和贡献变为几十、几百、几千人的智慧、美德和贡献，把一个齐天大圣变为无数个齐天大圣，从一个新颖的角度歌颂了教师的伟大，表达了自己的职业理想，使演讲具有很强的艺术感染力。可见，动机就像燃料启动的火箭一样，启动着主题冉冉飞腾。

2. 炼意境

我国传统艺术创作非常重视对意境的创造。清代文学评论家王国维说:“有境界自成高格。”不仅诗人作诗、画家作画要讲求意境，在进行脱稿讲话时，也要讲求意境。有了深邃优美的意境，就会使脱稿讲话的主题诗意化，产生巨大的艺术魅力。脱稿讲话的意境是指讲话者主观的“意”，即思想感情与现实生活的“境”，即生活现象的辩证统一。讲求意境的讲话，如同把粮食酿制成馥郁醇美的酒，这“酿制”的功夫是重要的。讲话者应善于在现实生活中“捕捉”那些具有诗情画意的情节、细节、场景，通过讲话者本人的感受和理解，达到客观与主观的统一，熔铸成深而美的意境。只有做到以“意”为主导，以“境”为基础，“即境以孕情”，又“缘情以造境”，才能做到“境”随“意”高，使整个讲话的主题升华，例如，演讲《叶的事业》，讲话者从印度诗人泰戈尔的诗句“花的事业是甜蜜的，果的事业是珍贵的，但让我干叶的事业吧，因为叶总是谦逊地垂着它的绿荫”，提炼出了富有诗一样意境的主题：幼教事业是“叶的事业”。每个幼儿教师就像是一片绿叶，在党的阳光下进行光合作用，孕育着果，孕育着神州大地的万千桃李。这就使演讲具有一种隽永感人的力量。

3. 找哲理

演讲主题要具有一种深刻的内涵，必须揭示生活的哲理。讲话者要善于根据主题的需要对客观事物进行辩证唯物主义分析，综合发现事物运动、发展、变化的规律，揭示其本质并把它凝练为一种哲理，使之贯穿于整个讲话之中，那么，就会使讲话的主题闪烁着理性的光芒，而给人以深刻的启迪。例如讲话稿《沉重的翅膀》，先揭示了这样一种自然现象：“一只羽翼丰满，善于飞翔的鸟，当它的羽毛被雨水打湿而黏在身上的时候，就不能展翅飞翔，因为它有一双沉重的翅膀。”然后再从自然的哲理推演到社会的哲理：“我们中华民族就像一只扶摇而上的大鹏，我们人口的增长，就像急风狂涛，使鲲鹏的翅膀变得沉重了，它怎么能腾空飞翔呢？让人口剧增的骤雨停止吧，中华之鲲鹏定会展翅腾飞！”这样富有哲理的主题给人的启示无疑是深刻的。

4. 出新意

艺术作品贵在创新，我们提炼脱稿讲话的主题要独辟蹊径，别具匠心。要用自己的眼睛去看别人看不到的东西，用自己的头脑去想别人没想出的道理，用自己的嘴去讲别人没有讲透的话。对生活的独特感受、独立思考、独到评价贯穿在整个讲话中，给人耳目一新之感。要使主题有新意，必须做到以下三点：其一，要具有怀疑动机，即敢于对人们司空见惯或认为完美无缺的事物或观点提出怀疑。其二，要具有抗压性动机，即力破陈规陋习，锐意进取，勇于革新。其三，要具备自变性动机，即能否定自己，打破自我框框。只有这样，才有可能提炼出新颖的主题。例如演讲《小草精神值得提倡吗？》，对广为流传的《小草歌》的主题提出了质疑，“如果英雄也算作小草的话，天下就不会有大树！年轻的朋友，当你高喊一声‘我是一棵小草’的时候，你内心是何种感觉？是觉得自己高大了，还是渺小了？是觉得自豪，还是失落？是觉得有了进取心，还是觉得只是找到了混日子的借口？你问过自己吗？为什么我应当是一棵微不足道的小草？为什么我不去争做一棵参天大树呢？难道我们不应该坚决地摒弃这种可悲可怜的小草精神、小草理想，立志做一棵敢挡东西南北风、能为社会做出较大贡献的参天大树吗？”这种反弹琵琶的演讲主题是多么新颖和深刻，它闪烁着讲话者独立思维的火花。

5. 画龙点睛

画龙点睛既是一种艺术表现手法，更是一种提炼讲话主题的方法，画龙点睛就是在讲话的关键地方采用片言只语，揭示和突出讲话主题的方法。陆机在《文赋》中讲道：“立片言而居要，乃一篇之警策。”也就是这个意思。我们在构思演讲时，要用简练的、有力的警句来体现和突出讲话的主题，使讲话具有一种警策之美，而更加耐人寻味，发人深省。这样的警句就对讲话的主题起了一种画龙点睛的作用。例如，1775 年 3 月 23 日美国帕特里克·亨利发表了《在弗吉尼亚州议会上的演说》，亨利把演讲的主题提炼为“不自由，毋宁死”

的警句。它高度浓缩和概括了反对殖民统治、争取自由独立的重大主题，激励了美国人民的爱国热情，振奋了美国人民的斗志，鼓舞了千百万美国人民拿起武器投入争取自由独立的战争中。

以上给大家介绍了五种提炼脱稿讲话主题的方法，当然在脱稿讲话艺术实践中，远不止这几种方法，我们要勇于探索，掌握更多更好的提炼脱稿讲话主题的方法。

总之，一个好的讲话主题是讲话者形象思维、逻辑思维、灵感思维的“结晶硅”。它像百花园中鸣叫的黄莺，像花岗石中闪烁的云母，使演讲成为一个完美和谐的整体。我们要运用多种多样的艺术手法，提炼出“高、深、新、美”的演讲主题。

消除听众隔膜感的技巧

当讲话者是“陌生人”的时候，听众一开始不免会有些隔膜感，这时直奔主题往往让人难以接受，不妨先“推销”一下自己。因为潜在的感情因素往往会左右人们的心理倾向与理性思维，从而对话语的可信度和可接受性产生微妙的影响。

孟玲的讲话《让女生部早日“消亡”》是这样开场的：

亲爱的女同胞们，还有敬爱的先生们：

晚上好！

首先感谢大家的热情，谢谢！

我很想认识大家，也想让大家认识我。先来自我介绍一下，8911(2) 班的一员，姓我们儒家孟子的“孟”，单字玲珑的“玲”，孟玲，就是我。大家可能听出来了，我这个人爱说好话，连自己的名字也要美化一番。不过，我要声明，这个小毛病丝毫不妨碍我对“女生部长”之职的热情。

可是，即使有天大的热情也不能改变这个趋势。女生部的发展完善过程，也就是它走向消亡的过程。

我的任务就是促成这个过程尽早结束。

真是言语出性格，寥寥数语巧妙而自然地塑造出讲话人热情开朗、活泼可爱的性格，一下子拉近了她与听众的距离，让人产生了亲近感，有兴趣倾听她的讲话。

不过有时候听众对你不仅仅是“陌生人”那么简单的隔膜感，而是打从开始就以你为敌。那你就要多费些心思了，这一点我们可以从一些历史上伟大的演说家那里取点“经”，学习他们是怎么巧言化解的。

在奴隶制还未被废除之前，伊利诺伊州南部的人民野蛮异常，在公共场所也要携带利刃和手枪。他们对于反对奴隶制度的人们非常愤恨，因此他们和那些从肯塔基和密苏里两地渡河而来的畜养黑奴的恶霸们一同预备到林肯的演说现场进行捣乱。他们立下誓言，说林肯如在当地演讲，他们立刻把这个主张解放黑奴的人驱逐出场，并把他置于死地。

林肯早已听到了这一恫吓，同时他也知道这种紧张的情势对他是十分危险的，但是他却说：“只要他们肯给我一个略说几句话的机会，我就可以把他们说服。”因此，他在开始演讲之前，亲自去和敌对的首领相见，并且和他热情握手。他说：

南伊利诺伊州的同乡们，肯塔基州的同乡们，密苏里的同乡们，听说在场的人群中有些人要和我为难，我实在不明白为什么要这样做。我也是一个和你们一样爽直的平民，那我为什么不能和你们一样有着发表意见的权利呢？好朋友，我并不是来干涉你们的人，我也是你们中间的一人。我生于肯塔基州，长于伊利诺伊州，和你们一样是从艰苦的环境中挣扎出来的。我认识南伊利诺伊州的人和肯塔基州的人，也想认识密苏里的人，因为我是他们中的一个，而他们也应该更清楚地认识我。他们如果真的认识了我，他们就会知道我并不是在做一些对他们不利的事情。同时他们也绝不再想对我做不利的事了。同乡们，请不要做这样愚蠢的事，让我们大家以朋友的态度来交往。我立志做一个世界上最谦和的人，绝不会去损害任何人，也绝不会干涉任何人。我现在诚恳对你们要求的，只是求你们允许我说几句话，并请你们静心细听。你们是勇敢而豪爽的，这个要求我想一定不至于遭到拒绝。现在让我们诚恳讨论这个严重的问题……

在他说话的时候，面部的表情十分和善，声音也充满同情和恳切，所以这婉转而妥善的演说的开头，让将起的狂涛止息了，敌对的仇恨平息了。大部分的人都变成了他的朋友，大部分的人都对他的演说大声喝彩。

当你不是那么受欢迎时，可以采取消除反感的方法不止一两种，除了前面的事例之外，以下几种方法也有不错的效果：

1. 真诚的褒扬

听众是一个思维活跃的群体，他们会根据自己的立场对演说进行评价。如果你不尊重他们，他们也会不留余地地拒绝你。所以，如

用真诚的态度消除隔阂

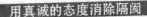

总的来说，消除与听众之间的隔阂，最根本的还是取决于讲话者的态度。

……我说得比较深奥，一般人可能听不懂……
这人真是自大，就他懂得多！
在演讲台上，千万不要有高高在上的感觉，因为稍有自夸的表现便会功败垂成，激起听众的敌意。

……其实我跟大家一样，以前也是对这个领域完全不懂……
因此，在演讲中最好采取低姿态，谦虚可以激发信心与善意，只要显出自己是真心诚意的，听众会喜欢你、尊敬你的。

所以，在台上演讲时的态度十分重要，想要消除听众的隔膜感，就要有真诚的态度。

果听众有值得称道的表现，就应抓住时机予以肯定。做到这点就等于拿到了自由出入听众心理王国的通行证。当然，应有赞扬的技巧，否则只会适得其反。

2. 寻找共同点

讲话是人际交往与沟通的必要手段。如果你是应邀进行讲话，那么与听众建立起融洽的关系是很重要的。英国前首相麦克米伦，在

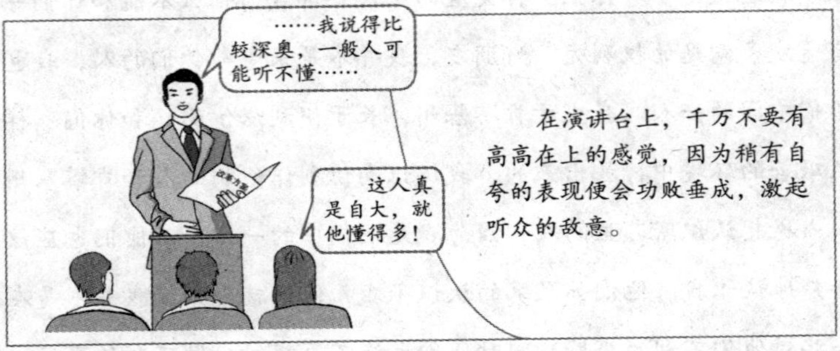

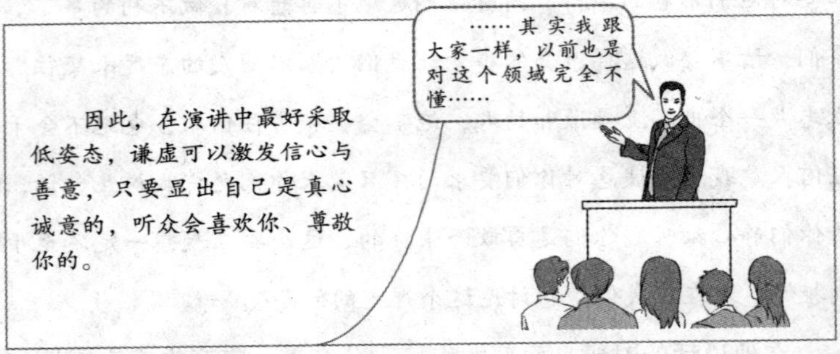

德堡大学毕业典礼上，他的开场白就不失时机地抓住了听众的心：“感谢各位对我的欢迎，虽然作为英国首相在这里发表演说的机会并不多，但我并不认为我是英国首相才被邀请。”然后，他又回顾了自己的家世，并告诉听众，他的母亲是出生在本州的美国人，而他的外祖父就是印第安纳州德堡大学的首届毕业生。

麦克米伦以其直系亲属的血缘情分，和属于开拓者时代的美国学校生活方式为话题所发表的讲话，其反响之热烈，自不待言，获得这一成功的重要原因无疑是巧妙地抓住了听众与讲话者双方的共同点。

3. 使听众感到平等

讲话者以怎样的态度与听众沟通，是十分敏感的问题。假如以一种傲慢的态度和腔调对听众演讲，大都会受到排斥和反感，因为谁都不愿低人一等、听人训话。因此，讲话者首先应采取低姿态使听众感到平等，才能与听众建立良好的沟通关系。诺曼·V. 比尔曾忠告一位演说缺少吸引力的传教士：“诚恳是首要的条件。”

4. 让听众充当讲话中的角色

曾有一位演说者，想要向听众说明从踩刹车到车子完全停止之间的行车距离。这位演说者请一位坐在最前排的听众站起来，协助他说明车距与车速的关系。被指定的听众，拿着卷尺站在台上，按照演说者的解释前进或后退。这不但具体表现了演说者的观点，同时，也充当了与听众沟通的桥梁作用。

这位演说者有效地运用了舞台表演的技巧，将听众吸引到演说的情景中去，让他们扮演其中某个角色，这对提高听众的兴趣来说是一种不错的方法。

有时为了达到让听众扮演一个角色的效果，可以向听众提问，或者让听众重复一遍演讲者的话，然后举手回答。《富有幽默感的作家与说话》的作者巴西·H. 怀汀一再强调："要让听众直接参与表决，或让听众帮忙解决问题。"并且认为"要有正确的思维方向"。如果用演讲稿的方式去演说，那么听众的反应肯定不会很强烈，应把听众当作是你共同事业的合作伙伴。演说者如果做到让听众参与，就能使他要表达的论点更加深入人心。

第二章

言语生动，听众的耳朵才不会“打瞌睡”

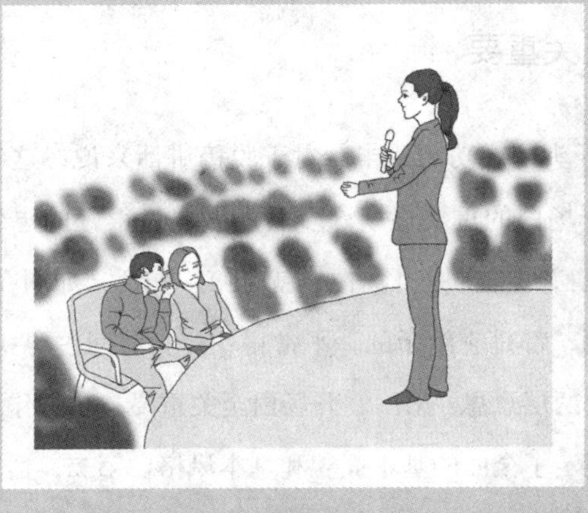

好的开头是成功的一半，对于脱稿讲话来说，这句话也同样适用。

第一节

在开场白上下功夫

开场白至关重要

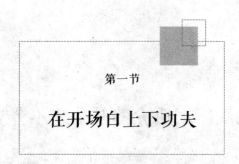

好的开头是成功的一半。对于脱稿讲话来说，这句话也同样适用。关于开场白的重要性，许多名人做出过很好的忠告。苏联文学家高尔基说：“最难的是开场白，就是第一句话，如同在音乐上一样，全曲的音调，都是它给予的。平常得花好长时间去寻找。”高尔基的这段话包含两层意思：第一，开场白至关重要，它的作用如同音乐的“定调”，规定了全曲的基本面貌和基本风格。第二，适当的开场白不是那么容易找到的，它是长期积累和苦心斟酌钻研的结果。

奥地利的乐团指挥韦勒说：“如同有‘招眼’的东西一般，也有‘招耳’的东西。首先，对于讲话者而言，有决定意义的是要获得听众的好感，引起他们的注意，开场白就是沟通讲话者和听众之间的第一座桥梁。”这位指挥家指出，讲话者的开场白必须“招耳”，即引起听众的注意，获得他们的好感。

获得听众好感的方式有多种。有的是在开头用幽默语、形象语、发问语、警句、格言、典故、谚语等以引起听众的兴趣；有的语言朴实无华，但提出的是重大的问题；有的则充满激情，具有振奋人心的作用。作为讲话者，不管你准备了多少内容，最初的30秒都是最重要的。不要小看这短短的开场白，它将决定此后你所说的每一句话的命运。听众将根据你给他们留下的第一印象来决定是否耐心聆听你的讲话。因此只有独具匠心的开场白，以其新颖、奇趣、敏慧之美，才能给听众留下深刻印象，才能立即控制住场上气氛，在瞬间集中听众的注意力，从而为接下来顺利讲话搭梯架桥。

1990年，中央电视台邀请我国台湾歌手凌峰参加春节联欢晚会。当时，很多人对他并不熟悉，而当他说完那妙不可言的开场白后，就一下子被观众认同了，并受到了热烈欢迎。他是这样说的："在下凌峰，我与文章不同，虽然我们都获得过'金钟奖'和'最佳男歌星'称号，但我却是因长得难看而出名。一般来讲，女观众对我的印象都不太好，她们认为我是'人比黄花瘦，脸比煤炭黑'。"此言一出，观众们便捧腹大笑。凌峰的这段开场白给观众们留下了其为人坦诚率真、风趣幽默的良好印象。后来，在"金话筒之夜"文艺晚会上，只见他满脸含笑地对观众说："很高兴又见到了你们，很不幸你们又见到了我。"话音一落，全场便发出热烈的掌声。就这样，凌峰的名字被很多人记住了。

这个例子充分说明了开场白的重要性，像凌峰这样用幽默风趣的开场白吸引观众的注意力无疑是一种很有效的开场方式，也正因为他的开场白说得好，一开始就抓住了观众的心，才能在接下来的发言中让观众认真倾听。瑞士作家温克勒说："开场白有两项任务，一是建立说者与听者之间的感情；二是如字意所示，打开场面，引入正题。"温克勒也强调开场白应建立说者和听者之间的认同感，并为下面的讲话做好准备，而凌峰的开场白很成功地做到了第一点。

开场白没有固定的方式，可以千变万化，但无论采用哪种方式作为开场，都应该注意不要一开始就说很多客套话，也不要故弄玄虚，而要提纲挈领地说明讲话的主旨。

鲁迅先生的演讲《少读中国书》的开头："今天我的讲题是，《少读中国书，做好事之徒》。我来学校是搞国学研究工作的，是担任中国文学史课的，论理应当劝大家埋首古籍，多读中国书。但我在北京，就看到有人主张读经，提倡复古。来这里后，又看到有些人抱着《古文观止》不放，这使我想到，与其多读中国书，不如少读中国书好。"这样的开头不仅交代了演讲的题目，而且点明了演讲的主题，起到了提纲挈领的作用。

有人指出，如果没有一个好的开头，想在整个讲话过程中始终做到轻松、巧妙地与听众交流思想是颇为困难的。通常那些有丰富的演讲经验和演讲知识的演讲家，都十分重视开场白。之所以这样说是因为，开场白是讲话者传递给听众的第一个同时也是最重要的信号，能否抓住听众的注意力，引发他们听的积极性和兴趣就取决于这最初发出的信息。所以，一个精彩的开场白不仅能为整场讲话添彩，也更容易让听众关注并认可接下来的讲话内容。但不管是哪种开场白，使用时都应注意，要因人而异，因事而异，灵活运用。

9 种精彩的开场白方式

大凡成功的讲话，都要在讲话稿开头下一番功夫，精心设计和安排好开头，力求开头像凤凰之冠那样俊美、漂亮。讲话稿开头的艺术性，概括地说，就是要求“镇场”。所谓“镇场”，是戏剧舞台艺术的专门术语。演戏要求镇场，而演戏的镇场，大多用演员上场的亮相来“镇”。讲话也要求镇场，即一开始就要将全场听众的注意力吸引过来。讲话镇场虽然与讲话者上台的风度、情感、气质有一定的关系，但是主要还是靠讲话稿开头本身的语言魅力。下面就为大家介绍9 种比较有特色的开场白方式：

1. 设问式开场白

设问式开头可以制造悬念，促使听众集中注意力，积极思考。如李大钊的《庶民的胜利》，一开始就提出几个问题：“我们这几天庆祝战胜，实在是热闹得很。可是战胜的，究竟是哪一个？我们庆祝，究竟是为哪个庆祝？我老老实实讲一句话，这回战胜的，不是联合国的武力，是世界人类的新精神。”

对于设问式开头应注意，不能泛泛地为提问而提问，提问的信息要与对象、场合相适应，同时注意内容的合理性和确定性，要使听众感到新鲜，出乎意料，能激发听众积极思考，而且与后面阐述的问题联系紧密，能巧妙自然地引出讲话的主题。

设问式开场白，也叫作“问题引路”。讲话者一上台便向听众提出一个问题，请听众和自己一起思考，这样可以立即引起听众的注意，使他们一边迅速思考，一边留神听。这样，不仅有利于集中听众的思想，而且有利于控制场面。同时，听众带着问题听讲，将大大增加他们对讲话内容认识的深度和广度。例如，在为财贸系统职工讲话时，有位讲话者是这样开场的：

我们财贸系统的同志，被人们戏称为“财神爷”。在座的各位，都是理财行家，做生意的能手。现在，请允许我向大家请教一个问题：（略停顿）美国十大金融财团的首富摩根，当年从欧洲到美洲时，穷得发慌，只得卖鸡蛋为生。他弄了三篓鸡蛋，可卖了三天，一个也没卖出去。第四天，他让妻子去卖。结果，不到半天全卖完了。请问，这是什么原因呢？

这样以生意之“磁”吸“财神爷”们的兴趣之“铁”，吸引力自然是很大的，一下抓住了听众的心。

2. 故事式开场白

讲话者一开始就讲述最近发生的奇闻怪事、令人震惊的重大事件或生动感人的故事，这种开头，由于故事具有情节生动、内容新奇等特征，容易引起听众的关注，并能造成悬念，激起听众的兴趣。如《救救孩子》是这样开头的：

去年5月24日的《新民晚报》，披露这样一个事实：一个四年级的小学生，每天要带父母亲手剥光了壳的鸡蛋到学校吃。有一次，父母忘了给鸡蛋剥壳，差点憋坏了孩子，他对着鸡蛋左瞅瞅，右看看，不知如何下口。结果只好原蛋带回。母亲问他怎么不吃鸡蛋，回答很简单：没有缝，叫我怎么吃！

通过这个小故事的开头，引发了听众的思考。然后，讲话者提出：我们是否也应该考虑一下孩子的社会生活能力究竟怎样？今后他们能自立于社会、贡献于社会吗？

一位选手在做《爱的真谛》演讲时的开头如下：

最近，我从报上看到这样一则新闻：一个男青年和一个女青年正在热恋中，女青年突然患病瘫痪，然而男青年没有离开她，而是全力地帮她治病，下班后守在她身边为她喂饭吃药。他顶着社会和家人的压力，一守就是5年！就在女青年要做大手术的前一天，男青年找来了一个平板车，拉着女青年到民政局领取了结婚证，叮嘱她："放心做手术吧！不管结果如何，我都是你的丈夫……"

用故事触发兴趣的开头，要做到叙事简明扼要，短小精悍，不可啰唆拖沓；事情本身要有针对性，耐人寻味，能触发听众兴趣；所叙事情要与中心论题密切相关。

3. 悬念式开场白

悬念式开场白即开头讲一个内容生动精彩、情节扣人心弦的小故事，或举一个触目惊心的事实来制造悬念，使听众对故事发展和人物命运深表关切，从而仔细听下去。例如，李燕杰的演讲《爱情与美》是这样开头的：

前年四月，北京一家公司的团委书记要请我去作报告，我因教学任务紧张推脱不去。这个团委书记恳切地说："李老师，你一定要去，我们这次是请你去救命的。"我很纳闷……

听演讲者这么一说，听众也纳闷了：到底发生了什么事，非请他去不可？这样开场，吸引力极强。

4.“套近乎”式开场白

讲话者根据听众的社会阅历、兴趣爱好、思想感情等方面的特点，描述自己的一段生活经历或学习、工作中遇到的问题，甚至讲自己的烦恼、自己的喜乐，这样容易给听众一种亲切感，他们会自然而然地把你当成“自家人”而乐于听你讲。例如，北京航空学院的项金红同志一次应邀到某体育学校演讲。一开始，他就介绍自己学生时代曾是学院田径代表队的队员，使听众觉得他是同行，有共同语言，双方的感情距离一下子缩短了。

5. 赞扬式开场白

人们一般都有爱听赞扬性语言的心理。说几句让听众感到舒服的话能收到奇效。讲话者在开场时说几句赞扬性的话，可很快缩短与听众的感情距离。有位演讲者到宜城做演讲，开场白充满赞美之情：

有人问我，最喜欢哪一首民歌，我脱口而出：《回娘家》！是的，宜城是我的娘家，是我母亲的土地。我热爱宜城，赞美宜城，也许首先是因为我们宜城人外表美。古代宜城有个叫作宋玉的大文学家写道：“天下之美在楚国，楚国之美者在臣里，臣里之美者为臣东邻之女，臣东邻之女，增之一分则太长，减之一分则太短，施朱则太赤，着粉则太白。”宋玉说，天下最美的人是我家东边隔壁的那位姑娘，那位姑娘增一分就太高了，减一分又太矮了；抹点胭脂太红了，擦点粉又太白了。各位老乡，你们说我们宜城人美不美呀？

听众热烈鼓掌。讲话者的巧妙引用，深情赞美，一下子抓住了听众的心。接着，他讲宜城人心灵如何美，家乡如何可爱，一步步

开场白的标准

一个用心准备的开场白完全可以起到统领全篇的作用，下面是一个成功开场白的几项标准：

1. 开场白不能长，如果是稍长的讲话，应对讲话的主要内容做预告。

2. 陈词滥调尽量不要用，假如实在想不到更精彩的开场白，可以单刀直入开场。

3. 与听众建立互动联系。激起听众的兴趣，尽量使他们放松，完全投入到你的讲话中。讲话不是催眠，你要主动与听众沟通。

切入“爱家乡才能爱祖国，爱祖国就要投身改革大潮，创造有价值人生”的主题，收到了良好的效果。

6. 新闻式开场白

新闻式开场白，即一开始就发布一条引人注目的新闻，以引起全场听众的高度注意。运用这种方式开场要注意两点：一是新闻必须真实可靠，切不可故弄玄虚，否则愚弄听众只能引起反感；二是事件要新，不能用早已过时的“旧闻”充当新闻。

7. 道具式开场白

道具式开场白也叫“实物式开场白”，即开讲之前先展示某件实物，给听众以新鲜、形象的感觉，引起他们的注意，从而一下子抓住听众的注意力，收到意想不到的效果。

有位演讲者向数百名教师做一场题为《做教育改革弄潮儿》的演讲。一上台就展示出齐白石的名画《雏鸡》，当听众的目光全被吸引过来之后，他才开口：

请看，在这幅一米多长、一尺来宽的画面上，齐白石先生只画了三只毛茸茸、憨乎乎的小鸡，其余处皆为空白，这些空白，给我们留下了无限广阔的想象和再创造的天地。看了这幅画，你是否会想到雏鸡会长成“一唱天下白”的雄鸡呢？你是否感到了春天的无限生命力呢？每个人可以根据自己的体验想象到很多很多——这就是“空白”的魅力。我们做教师的，能否都打破45分钟的“满堂灌”，也给学生留下一点回味和进行创造性思维的“空白”呢？

8. 渲染式开场白

渲染式开场白，即运用形象的、充满情感的语言开头，创造适宜的气氛，引发听众相应的感情，进而吸引听众。如恩格斯《在马克思墓前的讲话》的开头：

3月14日下午2点三刻，当代最伟大的思想家停止思想了。让他一个人留在房里还不到2分钟，等我们再进去的时候，便发现他在安乐椅上安静地睡着了——但已经是永远地睡着了。

这个开场白，只用了短短的两句话，便把听众引进了一个庄严、肃穆、沉痛的气氛之中，激发了人们对革命导师的景仰、悼念之情，有利于听众接受讲话者接下来要展开的论述。

9. 模仿式开场白

模仿某个人的语调或动作姿态，使听众产生丰富的回忆和想象，有助于推动讲话的深入。

大家还记得吗？1980年12月，在香港伊丽莎白体育场举行的世界杯亚大区足球预选赛中，中国队32岁的足坛老将18号容志行，（模仿宋世雄的音调）以其熟练、细腻、漂亮的盘带动作，晃过了对方三个后卫队员的拦截，在离对方禁区15米远处起脚射门！射出一个什么呢？射出了一个“足球热”。

由于演讲者模仿得惟妙惟肖，几乎能以假乱真，因此一下子就使全场的气氛活跃起来。但运用模仿式开场白，要注意内容、场所、听众心理等因素，要以讲为主，以演为辅，且适可而止，否则会使人觉得华而不实，产生逆反心理。

赋予名字一个说法

在讲话时，开场白往往是点睛之笔，对整场讲话起着至关重要的作用，有时甚至决定讲话成败。如果在讲话开始听众对你的话就不感兴趣，注意力一旦被分散，那后面再精彩的言论也将黯然失色。有很多人喜欢在开场的时候先做自我介绍，第一句一般都是先说自己的名字，但如果这个过程一点也不出彩，很难引起听众的兴趣，你的名字也会很快被忘记。所以，要想开场的自我介绍能吸引人，就要在说法上下功夫，不妨试着给自己的名字加上特殊的意义，让听众一听就能记住讲话者，而由这个特殊的名字对接下来的讲话内容也产生兴趣。

请看下面这个自我介绍：

大家好，我叫马三立。三立，立起来，被人打到；立起来，又被人打到；最后，又立了起来。但愿不要再被打到。我这个名字叫得不对，祸也因它，福也因它。

这是已故著名相声表演艺术家马三立先生做的自我介绍，他将自己的名字和亲身经历结合起来，既形象又容易记忆，加上淡淡的调侃语气，使听众能够第一时间记住这个人，同时也成功地勾起了人们的好奇心，对他下面的讲话充满了期待。这就是在做自我介绍时，赋予名字一个说法的两点好处——宣传自己并吸引听众。

在公众前做自我介绍和在生活社交中的自我介绍就不一样了，不能像生活中的自我介绍那么简单，毕竟你站在一个舞台上，既然站上去了，就让大家对你多了解点，你也能把握机会宣传下。自我宣传其实是一件非常重要的事，就像马云走到哪儿都会讲他的阿里巴巴，牛根生走到哪儿都会讲他的蒙牛，俞敏洪走到哪儿都会讲他的新东方一样，我们要学会不断去宣传自己，让更多人知道你，并对你留下深刻印象。那么，对于一些不像那些成功人士一样有“成就”可随时宣讲的人来说，用什么话题开场能适用于任何场合呢？不妨在自己的名字上做文章，因为名字人人都有，赋予它一个特别的说法，不仅能让听众快速记住你，而且这个开场可以说处处皆可用。

下面三个范例可以作为参考，希望对大家以后讲话时的开场白有帮助：

例一：亲爱的朋友们，大家下午好！我叫张文魁，弓长张，文武双全的文，一举夺魁的魁，来自思贤教育，今天很高兴能在这里认识这么多优秀的朋友，那么祝福在座的每一位朋友，自从认识文魁这一刻起，家庭更幸福，事业更成功，文武双全，一举夺魁！谢谢！

例二：我姓宋，名德让。有一次，一位朋友对我说，他最愿意和我做生意，我说为什么，他说，和你做生意不吃亏，因为你送（宋）了还得（德）让。

例三：我姓巩，巩俐的巩，虽然和这位大明星是一个姓，我的艺术细胞却少得可怜。但我的名字却有骨气，红梅，它欺霜赛雪，傲寒迎春，自古以来就被文人雅士所喜爱，希望大家记住巩红梅。

受以上范例启示，相信你也能给自己的名字赋予一个有趣的说法，让听众印象深刻，很容易就记住你。

第二节

主题部分内容与形式俱佳

话题选择要亲民

主题选定了，还要收集相应的材料对之进行论证。材料的选择要通俗，要选择大多数人都知道的、听得懂的，而不能选择太生僻的、很少有人知道的。因为听众没有时间去验证或查找这些材料的内容或出处。因此，在准备讲稿之前首先要了解听众的情况：他们是什么人，他们的思想状况、文化程度、职业状况如何，他们所关心的问题是什么，等等。掌握了听众的特征和心理，在此基础上恰当地选择材料、组织材料，是讲话成功的必要条件。

一般来说，听众怀有浓厚兴趣的话题大多为以下几种类型：

1. 满足求知欲的话题。人们对于陌生的知识领域或神秘不可及的事物总是充满了探索的欲望，于是便希望掌握各类知识，以解除内心的迷惘和困惑，充实和发展自己。

2. 刺激好奇心的话题。因为每个人都有好奇心。我们可以通过

娱乐性话题容易引起听众的兴趣

现代人的生活节奏越来越快，工作生活的压力也越来越大，这样的生活使得人们也越来越苦闷。

这时，就需要借助娱乐来缓解压力，所以娱乐性的话题正好可以满足人们的这一需求。

一般娱乐性的演讲大都是选择一些社会上热议的话题，通过演讲者在演讲中做穿插以达到在短时间内提起听众兴趣的目的。

礼仪场合或者社交场合人们大都喜欢用这种话题来缓解或者活跃气氛。

各类趣闻、名人逸事、突发事件、科学幻想、传奇经历等内容来激发听众的好奇心。

3. 与听众利益息息相关的话题。听众最关心的无非就是涉及自己切身利益的事情。因此，凡是关系到吃、穿、住、行等的讲话必定会受到欢迎。

不过，高明的讲话者更应该具备把间接涉及听众利益的话题转化为与听众直接相关的话题的能力。

4. 有关信仰和理想的话题。没有探索、没有理想、没有事业的生活将是一片空白。古今中外，人们都在为信仰和理想孜孜不倦地探索和追求着。因此，有关这方面的话题定能投大众所好，尤其是青年听众。但讲话的内容必须要有针对性、现实性和生动性，否则不能引起听众的共鸣，也达不到讲话的目的。

5. 娱乐性话题。平淡无奇或过于严肃沉闷的内容不可能取得讲话的成功。然而若能在讲话中穿插些幽默、笑话或娱乐性故事类的话题，就能在短时间内提起听众的兴趣，这种话题大多用于礼仪场合，出于交际的目的。

6. 满足听众优越感的话题。世界上几乎没有人不喜欢“奉承”。所以讲话者应尽量掌握听众的基本情况，以便在讲话过程中穿插一些能满足听众优越感的话题，以期收到良好的效果。

另外，演讲理论家邵守义先生在《实用演讲学》一书中说道：“演讲者只有了解听众，并从听众的实际出发，有针对性地选用材料，才能唤起听众的听讲热情和兴趣。”也就是说，选用有针对性的材料，讲话才能吸引听众。有针对性地选用材料，可以从以下几方面入手：

1. 选用切合讲话场合的材料

2007年10月28日晚，第四届鲁迅文学奖颁奖典礼，在鲁迅先生的故乡——浙江绍兴举行。中国作家协会主席铁凝有感而发，热情致辞。她在讲话中这样讲道：

一踏入鲁迅先生的故里，我就真切地感到文学的气场、气韵生动起来，鲜活起来。鲁迅先生的风骨，穿越了70年的时光，在这个庄重而清明的夜晚，与我们每个人的内心相对。云山苍苍，江水泱泱；先生之风，山高水长……鲁迅文学奖给作家带来的，不仅是荣誉，更重要的是责任。我们相聚在这里，就是要继承鲁迅精神，积极履行人类灵魂工程师的职责。继承鲁迅精神，就是要像鲁迅先生那样心怀广大，致力于文学对社会现实的关怀与担当；就是要像鲁迅先生那样，用极富创造性的艺术形式表现一个时代、一个民族的精神品貌。因此，对我们来说，今天在这里，不是终点，而是一个新的起点。

铁凝首先真切地抒发了自己“一踏入鲁迅先生故里”的内心感受，接着诚挚地表达了对中国文学工作者“满怀敬意”，继而深刻地阐述了文学的价值和鲁迅文学奖的意义，最后明确地指出了鲁迅文学奖给作家带来的“责任”，并号召大家“继承鲁迅精神”，从“新的起点”向前迈进。这些针对性很强的情理和事理材料，不仅切合了颁奖典礼的特定场合，而且突出了鲁迅文学奖的活动主题，给现场听众以思想的启发和精神的激励。

2. 选用适合听众文化程度的材料

近年来，著名健康问题专家洪昭光教授通过举办健康讲座，面向全社会传播科学的健康知识，受到大众的欢迎和媒体的好评。在一次题为《生活方式与身心健康》的讲话中，他这样分析和讲解遗传的影响：

遗传的影响，我们简单用一个例子来说明一下。小白兔应该吃什么呢？本应该吃萝卜，但假如从今天开始，让小白兔改吃鸡蛋拌猪油，蛋黄胆固醇高，猪油是动物脂肪，四个礼拜胆固醇增高，八个礼拜动脉硬化，十二个礼拜小白兔个个得冠心病。下面，我们换用北京鸭子做实验，让它吃蛋黄拌猪油。结果很奇怪，鸭子怎么吃，天天吃，胆固醇不高，动脉也不硬化，更没有冠心病。唉！这就奇怪了，怎么兔子一喂就动脉硬化，鸭子就没有动脉硬化呢？道理很简单，兔子是兔子，鸭子是鸭子，遗传不同啊。人也是一样：为什么张三一吃肥肉，胆固醇高，动脉就硬化，冠心病也来了，而李四天天吃肥肉，他什么事也没有？因为张三是兔子型的，李四是鸭子型的，鸭子型就没事，你兔子型就倒霉，先天性倒霉。为什么有人你看他吃得并不多，可就减肥不下来，那个吃得很多的人却胖不了？就因为人类型不同，有些东西遗传100%，有些遗传是个倾向。高血压、冠心病是一个倾向。

洪教授明白，听他演讲的人，大多是关注健康的普通群众，如果他一味使用专业术语进行讲解，就会使讲座变得曲高和寡，索然无味。因此，他在讲解有关医学知识的时候，往往选用一些通俗易懂的事例材料加以说明。比如，上例中，在讲解得病的遗传影响时，他就有针对性地选用了小白兔和北京鸭子的实验材料作为例子，从而深入浅出地说明了不同类型的人的遗传差异及其与疾病之间的关系，让听众懂得了高血压、冠心病的遗传倾向对人的致病影响。

3. 选用符合听众心理需求的材料

2007年4月，著名作家毕淑敏为她的心理励志小说《女心理师》在北京市监狱举行首发式。面对众多服刑人员，毕淑敏发表了题为《世界上最大的勇气莫过于相信奇迹》的讲话，她充满真情地讲道：

心理是身体的奇迹，人获得幸福与否取决于心理是否健康。曾有一家报社做过一个调查：谁是世界上最幸福的人？结果最幸福的人依次为：给孩子刚洗完澡，怀抱婴儿微笑的母亲；刚给病人做完手术，目送病人出院的医生；在沙滩上筑起沙堡，看着成果的孩子；写完小说最后一个字，画上句号的作家。看完这个消息，我有深入骨髓的悲哀。这些幸福，我几乎都曾拥有，但自己却感觉不到，是幸福盲。因此，幸福关键在于我们发现幸福的目光，在于内在的把握、永恒的感情和灵魂的拯救。

毕淑敏深知，这些服刑人员中的大多数人之所以被关在这里，是心理困惑和精神空虚导致他们最终触犯法律的，他们也渴望幸福的生活，却理解错了幸福的真正含义，为了所谓的“幸福”，他们不择手段，铤而走险，最终走上了犯罪道路。于是，她针对这些特殊听众的心理困惑和精神需求，首先揭示了心理健康的重要性，接着引述了一个关于“谁是世界上最幸福的人”的调查材料，然后表达了自己是“幸福盲”的真实感受，最后得出结论：幸福的关键在于“我们发现幸福的目光”，在于“内在的把握、永恒的感情和灵魂的拯救”。她的讲话，重在心理分析和精神引导，既让服刑人员感到亲切，又能促使他们自我反省，从而达到针对听众进行心理矫正的目的。

此外，还可以选用契合听众兴趣和爱好的材料或者能向听众指明行动方向、教给听众行动手段和方法的材料等。总之，有针对性地选用材料，时刻把听众的愿望、想法、利益放在心上，才能使讲话吸引听众。

论据运用，要有话说

大多数讲稿的本质就是一篇议论文，目的是为了证明某一个观点的正确性。所以，论据就成了讲稿中不可缺少的一部分，它是证明观点的材料。观点要让人信服就不能只是空洞地说教，需要有充分的论据来证明。

在议论文里，论据可以分成事实论据和道理论据两类。事实论据，包括有代表性的确凿的事例、史实以及统计数据等。“事实胜于雄辩”，典型的事实论据，常常是最有说服力的证明材料。因此，使用事实论据，让事实说话，是写议论文常用的基本方法，也是我们写讲话稿时应该被提倡的方式。如《发问的精神》一文，一连用了四个事例：牛顿由对苹果落地发问而创立了“万有引力”学说，瓦特由对壶水滚沸发问而发明了蒸汽机，释迦牟尼对人生发问而创立了佛教，孔子好问则成为万世景仰的圣人，从而有力地证明了“发问精神的可贵”。

作为论据的事实可以是具体的，也可以是概括的。《想和做》中有这样一段论证：“在学校里，有些同学很‘用功’，可是不会用思

丰富自己的知识储备

用好论据的前提，是讲话者头脑中要有丰富的知识储备。那么，如何丰富自己的知识储备呢？

1. 多读书报，注意准确地积累材料，还要特别注意强化自己的联想能力，打开思路，调动自己全部的知识。

2. 借助新媒体，特别是网络，平时要关心时事，关注生活。

自己学到的东西、报刊电视上得到的信息、耳闻目睹的生活事件等，都可以拿来用，成为证明论点的论据。

想。……另外也有一些同学，他们能想出些省力的有效的方法，拿来记住动植物的分类，弄清历史的年代。”这里讲的“有些同学”，用的就是概括性的事实材料。有些不擅长写讲稿的人，刚开始尝试自己写讲稿时，一旦写到论据部分，往往把自己的思路限制在名人事例的小天地里，其实只要可以证明论点，无论天下大事还是个人小事，都可以为你所用。

在使用事实论据证明某一个观点时，需要注意以下几个问题：

1. 要注意事实材料的真实性，切忌胡编乱造。比如有时候由于材料记忆不准，又懒得再去核实，就把爱迪生发明电灯的事情安到了爱因斯坦身上。但事实又是被大多数听众所熟知的，一听就知道你所说的是错误的，当然会影响到效果，而且还会使听众对你的学识产生怀疑。

2. 要注意材料与观点的一致性，特别是那些内涵丰富的材料，一定要仔细斟酌。有时，一件事情的成因是多方面的，如果把握不好其中诸多因素的细微差异，就会造成论据与观点脱节。比如，有一个材料是这样的：一位平时工作很努力的科学家，在业余时间喜欢研究围棋。某天，他收到一个重要课题，但时间有限，为了完成课题，他舍弃了平时钻研围棋的习惯，将业余时间也利用上，终于在限定的时间内取得了成功。但有人却用这个事例来证明“勤奋才能成才”，这显然不符合人们的逻辑思考关系，因为这个材料的主旨应该是为了事业的成功，要舍得割爱。材料的主旨与观点须一致，才能证明观点的正确性。

3. 用事实论证还要注意对事实的分析论述。不能只是将事实一摆，事例讲完就不管了。只有经过分析论述，事例才能更有效地证明观点。有一篇题为《俭以养德》的讲稿，为了论证“勤俭可以养德”的观点，内容中用了鲁迅不换新棉裤、坚持睡硬铺板的事例，紧随这个事例的是作者的议论：“是鲁迅连一条棉裤也穿不起吗？当然不是；

是鲁迅吝啬吗？当然更不是。鲁迅对青年、对革命，向来是十分慷慨大方的。鲁迅深刻地领悟到这一真理：工作容易被安逸的生活所累。”这段分析，揭示了所用事例的意义内涵，使事例与自己要证明的观点更加自然、紧密地融为一体，事例的证明作用才更加突出、有力。

4. 事例的指向性和论证意识要鲜明突出。在讲述事例时，最好使用概述的方法，详细叙述能够证明观点的主要情节。在能够有力论证观点的前提下，事例的叙述，应是越简洁越好。但有些人讲事例时缺乏论证意识，洋洋洒洒地把事情的全部经过描述一遍，占用的篇幅很大，却不能有力地证明观点。所以这一点应该注意，论述之前一定要明白你想要表达什么观点，然后在事例中找相同的部分，重点讲这一部分，其他辅助的材料可以几句带过。

与事实论据不同，道理论据是指经过实践检验的精辟理论、名言警句、民间谚语及公认的事理等。这样的言论有着一定的权威性和可信度，引用为论据，也能有力地证明观点，增强说服力。比如，要论证“贵在坚持”这一观点时，可以引用先贤荀子的名言“锲而舍之，朽木不折；锲而不舍，金石可镂”，因为这句话和观点十分贴切，其证明效果就很好。

使用道理论据，要注意所引语言与论点的一致。有的人在写讲稿时因为引言得之不易，内容又好，不忍割爱，硬塞入文，反而破坏了讲稿内容的统一。比如，有人在论证“骄傲使人落后”的观点时写道：“马克·吐温曾说：‘每一个人都是一个月亮，他的一个阴暗面，从来不让任何人看见。’这不正是说明了人不能骄傲的道理吗？”显然，这则名言的使用是不恰当的。马克·吐温的话，意思是人都有两面性，这与“骄傲”并不是一回事，不能被用来证明观点。使用道理论据还要注意保证引言的准确，引文的内容及出处都不能有误。论据不真实、不准确，必定会削弱讲话的说服力。

准备有“适合性”的演讲内容

有人凭着三寸不烂之舌，不用一兵一卒，便能连攻数城；也有人单枪匹马，面对众多敌人，慷慨陈词，结果竟化敌为友；陈胜当年揭竿而起，振臂一呼，天下便风云响应，这与他那次成功的讲话很有关系。

一场成功的讲话，是一支神奇的枪，一柄锋利的剑。而一场成功的讲话，又首先取决于一篇成功的讲稿。

当然，正如“诗无定法”一样，讲稿的写作也可以说是没有定法的。但一般来讲，它有一定的规律可循。

首先，讲稿的内容、风格要根据对象、场合，甚至讲话者本人的一些特定情况而定。用美国演讲专家多利斯·莎劳夫的话讲，讲稿既要适合你，又要适合他，同时，还要适合当时的场合以及规定的时间。

其次，演讲稿一定要有充沛的感情，有较强的说服力。当然，二者在一篇讲稿中有时允许有所偏重。如果是一篇呼吁性的讲话，由于要考虑到它的鼓动性，可以偏重于充沛的激情；如果是一篇辩论性的或是一篇劝导性的讲话，由于要以理服人，所以，它可以偏重逻辑性、论证性。不过，如果能将二者统一在一篇讲稿中，则更好。

像闻一多先生的《最后一次的讲演》，便可以说是一篇富有激情，具有很强说服力的讲稿。正因为如此，它不仅在讲演当时获得了数次的热烈掌声，而且，它至今仍回响在我们的耳畔，使我们缅怀先烈，痛恨敌人，时时想起闻一多的音容笑貌。

再如荣获北京市首届大学生演讲比赛一等奖的题为《弱者，你的名字不是女人》（张红、粟红钢撰稿，周怡演讲）的讲稿，也是热情洋溢，充满着时代气息。它抓住当时社会上人们普遍注意到的女同志的事业和家庭生活的矛盾，层层剖析，步步推进，充分表达了 20 世纪 80 年代的女大学生的宏伟抱负和崭新的生活观。在这篇讲稿中，作者以极富鼓动性的语言，大声疾呼：

前人经验也告诉我们，女性同样可以在事业上获得辉煌的成绩。只不过作为女性，要多付出三分汗水、五分勇气、十分毅力、十二分艰辛（议论、笑、掌声）。我们既要事业也要生活，这就注定我们将终生忙碌。

我们认了！（长时间热烈鼓掌）

……

让怯懦的人去徘徊吧，让俗人们去议论和怜悯吧。同伴们，我们走着自己的路！弱者，你的名字不是女人。（持久而热烈的掌声）

听着这样的演讲，有几个勇敢的女性不把巴掌拍破？听着这样的演讲，又有几个新时代的女大学生不为之激动呢？

富于激情、富于鼓动性的讲稿在中外历史上不胜枚举。如美国总统亚伯拉罕·林肯于 1863 年 11 月 19 日所做的著名的《葛底斯堡演讲词》；像英国首相丘吉尔任职第三天所做的《热血、辛劳、眼泪和汗水》的演说即是。

当然，有的讲稿是以雄辩性、逻辑性、说服力著称的。比如美国独立战争与建国时期著名的政治家和演说家佩特瑞克·亨利的《诉诸武力》即是。

最后，讲稿的写作还要注意文学性、技巧性。为了将讲稿写得生动、形象，人们常常采用比喻的手法，甚至有时采用通篇用比的手法。例如，一个夺得全校演讲比赛第一名的同学，在授奖大会上做的答谢讲话：

在一个很大很大的瓜田里，有无数的西瓜。它们有很多很多，有的很大，而且很好。有一个西瓜恰好生长在路边。于是，它很容易地便被人发现了。和瓜田的其他许多西瓜比起来，这个生长在路边的西瓜或许并不算最大，并不算最好。但是，由于它被人们发现了，所以，受到了一连串的称赞："好瓜！好瓜！"

那么，这个西瓜应该怎么想呢？如果它在颂扬声中飘飘然起来，真以为是"老子天下第一"，那么，它便是一个大傻瓜；如果它以为自己的长成完全是凭自己，而忘记了园丁们的培育、浇水、施肥，那么，它也是一个大傻瓜；如果它在颂扬声中能保持清醒，继续生长，力追同伴，那么，它才真正是一个"好瓜"。

我，就是这个生长在路边的、已被人发现的、很大的瓜田中的一个瓜。

这篇演说词虽然很短，但由于它全篇用比，所以，将演讲者本人的那种谦虚谨慎、再接再厉、不忘园丁、不忘同伴的思想和品德表达得恰如其分，非常完满，非常生动形象。

紧紧抓住听众的注意力

听众的注意力是有限的，无论讲话者怎样努力，总会遇到听众注意力不集中的情况，在这种情况下，讲话时需要想一些办法把听众的注意力吸引回来，否则就会导致讲话的失败、会场秩序的混乱。

1. 声东击西

所谓声东击西，兵法原文是："凡战，所谓声者，张虚声也。声东而击西，声彼而击此，使敌人不知其所备。则我所攻者，乃敌人所不守也。"它的意思是：凡是作战，所谓声，就是虚张声势。在东边造声势而袭击的目标是西面，声在彼处而袭击此处，让敌人不知道如何来防备。这样我所攻击的地方，正是敌人没有防备的地方。

我没有踌躇过一刹那，去放弃那遵循格律的戏剧。地点的一致对我犹同牢狱般可怕，情节的统一和时间的一致是我们想象力的沉重桎梏。我跳进了自由的空气里，这才感到自己（生长了）手和脚。现在，当我认识到那些讲究规格的先生们从他们的巢穴里给我硬加上了多少障碍时，以及看到有多少自由的心灵还被围困在里面时，如果我再不向他们宣战，再不每天寻找机会以击碎他们的堡垒的话，那么我的心就会愤怒得碎裂。

法国人当作典范的希腊戏剧，按其内在的性质和外表的状况来说，就是这样的：让一个法国侯爵效仿那位亚尔西巴德却比高乃依追随索福克勒斯要容易得多。

开始是一段敬神的插曲，然后悲剧庄严隆重地以完美的单纯朴

欲正故谬法的应用

当我们要启发听众思考某一个问题时，与其告诉他们答案，不如故意说一个错误的答案来刺激他们思考问题。因为当演讲者说错时，就能够激发听众思考的欲望，这方面非常显著的例子就是教师在教学时的提问方式。

学生在上课时，注意力大约只能集中 20 ～ 30 分钟，所以学生在后半段的课堂上经常会走神。

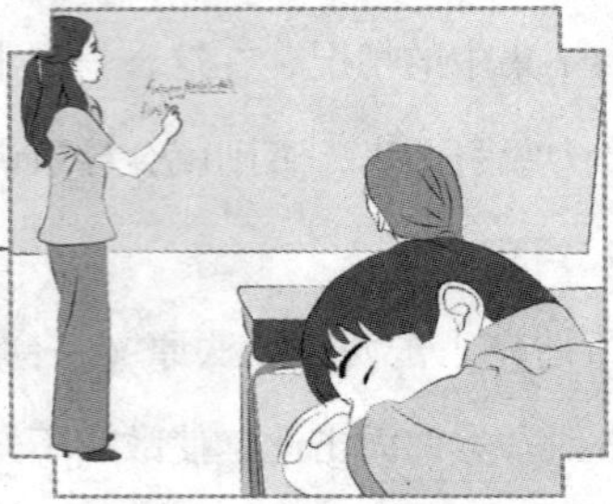

有的评论家说这样会毁掉散文，你们怎么看呢？

为了保持教学内容对学生的吸引力，此时，教师应该熟练运用欲正故谬法，让学生踊跃参与。

素（风格），向人民大众展示出先辈们的各个惊魂动魄的故事情节，在各个心灵里激动起完整的、伟大的情操；因为悲剧本身就是完整的、伟大的。在什么样的心灵里啊！

希腊的！我不能说明这意味着什么；但我感觉出这点，为简明起见，我在这里根据的是荷马、索福克勒斯及忒俄克里托斯，他们教会我去感觉。

同时，我还要连忙接着说：小小的法国人，你要拿希腊的盔甲来做什么？它对你来说是太大了，而且太重了。

因此所有的法国悲剧本身就变成了一些模仿的滑稽诗篇。不过那些先生们已从经验里知道，这些悲剧如同鞋子一样，只是大同小异，它们中间也有一些乏味的东西，特别是经常都在第四幕里，同时他们也知道这些又是如何按照格律来进行的。这方面我就无须多费笔墨了。我不知道是谁首先想出把这类政治历史大事题材搬上舞台的。对这方面有兴趣的人，可以借此机会写一篇论文，加以评论。这发明权的荣誉是否属于莎士比亚，我表示怀疑；总而言之，他把这类题材提高到至今似乎还是最高的程度，眼睛向上看（的人）是很少的，因此也很难设想，会有一个人能比他看得更远，或者甚至能比他攀登得更高。

莎士比亚，我的朋友啊！如果你还活在我们当中的话，那我只会和你生活在一起；我是多么想扮演配角匹拉德斯，假如你是俄来斯特的话！而不愿在德尔福斯庙宇里做一个受人尊敬的司祭长。

这是歌德纪念莎士比亚的一篇讲话，但是他并没有直接说明莎士比亚的作品有多么的优秀，而是在说明另一些作品的特点，最后通过这样的比较来达到了赞美莎士比亚的目的。声东击西，是忽东忽西、即打即离的一种讲话方式。如果我们发现听众对于讲话的内容出现了疲劳和厌倦，在采用正攻的方法无法取得预期效果，这时可以采取佯攻，突然说些表面上和讲话没有太大关系的内容，反而能够引起听众的好奇心。

因此，在同听众的接触中，不要太急于暴露自己的意图，尽量将对方的注意力转移到他所感兴趣的地方，使对方逐渐对你产生信任感，从而建立起良好的关系，此时讲话才能取得良好的效果。

2. 投石问路

当讲话者不确定某个论点是否能吸引听众时就可采用这种方式。有时，为了了解对方心中的秘密，又不便直问，可以用“投石问路”的曲问法进行试探。对于一些敏感的人来说，问者便显得谨慎。投石问路之法也被广泛运用于审讯之中。

3. 欲正故谬

当讲话者发现听众走神时，可以故意将一些简单的问题说错，这样不但能吸引没有走神的听众们的互动，同时能将走神的听众的注意力吸引回来，还能够缓解讲话现场的气氛。

4. 欲实先虚

所谓欲实先虚，是讲话者为了让对方顺着自己的意愿来展开话题而设下的一个圈套。这是因为平铺直叙地将道理讲述出来，有时无法打动听众的心，不能吸引听众的注意力。这个时候，由讲话者先虚设一问，这一问乍一看与讲话内容毫无关系，或者让对方摸不清虚实，当对方给出答案后，这种答案其实正是讲话者想要的，这时讲话者就可以抓住对方的话柄，以此为契机，得出想要的结论。这时，听众也就无法否认自己刚才说过的话了，这样也就无法否认讲话者的结论了。通过这样的小圈套来达到讲话的目的。

第三节

结尾要有力，引人深思

号召式结尾

俗话说：“编筐编篓，重在收口；描龙画凤，难在点睛。”讲话的结尾，就是讲话的“收口”“点睛”。美国作家约翰·沃尔夫认为“演讲最好在听众兴趣未尽时戛然而止”。其意就是说，最好在演讲达到高潮时果断“刹车”，以此来强化给听众的最佳印象。

拿破仑说过：“最后5分钟决定兵家成败。”我们同样可以说，讲话的成败在相当程度上取决于讲话的结尾。这是因为，如果讲话者设计和安排的讲话开头和高潮精彩，再加上有一个出人意料、耐人寻味的好结尾，那么，就如同锦上添花，会给听众带来一种精神上的愉快和满足。相反，如果讲话者设计和安排的结尾没有新意而平凡无力，没有激起波澜而陈旧庸俗、索然无味，那就会使听众深感遗憾，失望而去。因此，讲话的结尾比开头和主体部分要求更高，内容要更有深度，语言要更有力度，方法要更巧妙，效果要更耐人寻味。可见，讲话的结尾是走向成功的最后一步，它在整个讲话中起着不可忽视的重要作用。

好的结尾能揭示题旨，加深认识，给听众留下完整深刻的印象；能收拢全篇，使通篇浑然一体；能鼓动激情，促人深思，令人觉醒，能让听众在反复回味中受到教育和启发。所以，每位讲话者不仅要熟练地掌握讲话结尾的艺术技巧，而且要善于设计、安排出既符合内容要求，又符合讲话时境的新颖而又精彩的结尾，只有这样才能使自己的讲话取得全面成功。

讲话结尾的类型和方法，多种多样，不拘一格，讲话者可根据自己讲话的具体时间、地点、主题、听众及自己个性等因素，选择适合自己结束讲话的方法，使之有效地为讲话的思想和目的服务。归纳起来，常见的讲话结尾方式大体可以分为以下几种。

呼吁式结尾。如古希腊德摩西尼的《斥腓力演说》是这样结尾的："即使所有民族同意忍受奴役，就在那个时候我们也要为自己而战斗。辞令的灵魂就是行动！行动！再行动！"这种结尾有利于号召听众愤然而起，具有强烈的鼓动色彩。

用提希望或发号召的方式结尾。这种结尾是演讲者以慷慨激昂、扣人心弦的语言，对听众的理智和情感进行呼唤，或提出希望，或发出号召，或展示未来，以激起听众感情的波涛，使听众产生一种蓬勃向上的力量。如讲话稿《一位纪委书记的"小家"和"大家"》结尾就是用提希望的方式完成。

同志们，朋友们，我们正处在一个伟大变革的黄金时代，经济的发展，国家的富强，民族的振兴，需要全体人民的艰苦奋斗，特别是共产党人的模范带头作用。如果每一个共产党员都能正确处理好“小家”和“大家”的关系，严格地按党性原则要求自己，用党的纪律约束自己，用党旗下那神圣的誓言激励自己，那么我们党的形象将会更加光彩照人，我们党将会更加坚强伟大！

这种结尾的方式是讲话者用深刻的认识和独到的见解向听众提希望、发号召，能使听众精神为之一振，具有动人情、促人行的作用。

展望式结尾。如题为《在失败面前挺起胸膛》讲话结尾为：“我深知，我将来可能败得更惨，但我不怕，因为怕失败的人永远不会成功！”以展望未来结束演讲，使人憧憬，余韵深长。

评论式结尾

评论式结尾，是对前面的讲话内容做观点提炼，或者补充对核心事件或人物的评论，进而阐明意义、升华主旨。

恩格斯在 1883 年 3 月 17 日发表的《在马克思墓前的讲话》，结尾就让人永生难忘：“正因为这样，所以马克思是当代最遭嫉恨和最受污蔑的人。各国政府——无论专制政府或共和政府——都驱逐他；资产者——无论保守派或极端民主派——都纷纷争先恐后地诽谤他、诅咒他。他对这一切毫不在意，把它们当作蛛丝一样轻轻抹去，只是在万分必要时才给予答复。现在他逝世了，在整个欧洲和美洲，从西伯利亚矿井到加利福尼亚，千百万革命战友无不对他表示尊敬、爱戴和悼念，而我敢大胆地说：‘他可能有过许多敌人，但未必有一个私敌。他的英名和事业将永垂不朽！’”

这种讲话方式很值得人们回味。议论性、感叹性结尾，升华了感情，把听众的情绪调动到最高点，让人沉浸其中，自然回味无穷。

名言哲理式结尾

在所有的结尾方法中，如果你能找到合适的短句或诗句结尾，那是最理想不过的。它将产生最合适的风味以及庄严气氛，可表现出你的独特风格，产生美的感受。如蒋昌健《性本善》的辩论总结陈词中这样结尾：“谈到这里，我不由得想起一百多年前生活在柯尼斯堡的一位叫康德的老人说过的一句话：‘这个世界唯有两样东西能让我们的心灵感到深深的震撼，一是我们头顶上灿烂的星空，一是我们内心崇高的道德法则。’”以名言警句作为演讲的结尾，内涵丰富，发人深省。

用哲理名言、警句作结尾。这种结尾方式，是通过引用名言、警句、谚语、格言、诗句等作为结尾，这样不仅使语言表达得精练、生动，富有节奏和韵律，而且还可以使讲话的内容丰富充实，具有启发性和感染力，同时还可以给人一种生动活泼、别开生面之感。如讲话稿《谈毅力》的结尾：

毅力是攀登智慧高峰的手杖；毅力是漂越苦海的舟楫；毅力是理想的春雨催出的鲜花。朋友，或许你正在向成功努力，那么，运用你的毅力吧。这法宝可以推动你不断地前进，可以扶持你度过一切苦难。记住：“顽强的毅力可以征服世界上任何一座高峰！（狄更斯语）”

国际扶轮社社长以这种方式结束他的演说："各位回国之后，你们之中某些人会寄给我一张明信片。如果你不寄给我，我也会寄一张给你。你们一眼就可看出那是我寄去的，因为那上面没有贴邮票。但我会在上面写些东西：春去夏来，秋去冬来，万物枯荣都有它的道理。但有一件东西永远如朝露般清新，那就是我对你永远不变的爱意与感情。"

这首短诗很符合他演说的气势。因此，这段结尾对他来说，是极为合适的。

用名言式结尾，能给演讲者的思想提供有力的证明以增加讲话的可信度，使语言显得更加优美、含蓄且睿智大气，具有较强的说服力和鼓舞作用。

总结式结尾

以总结归纳的方式结尾，这种结尾用极其精练的语言，对讲话内容和思想观点做一个高度概括性的总结，以起到突出中心、强化主题、首尾呼应、画龙点睛的作用。如讲话稿《永照华夏的太阳》的结尾：

我们是从哥白尼日心说中认识太阳的，我们又是从历史的迁徙中认识中国共产党的。80年过去了，80年斗转星移，日月变迁。太阳的辐射仍依托马列主义的热核放出它巨大的能量，从而去凝聚着属于它普照的民族和人民。月亮离不开地球，地球离不开太阳，人民离不开党。祖国的未来，中华的腾飞，需要中国共产党的领导，党就是永照华夏的太阳，也就是我们心中的太阳。

这个结尾高屋建瓴，总揽全篇。巧妙地从自然界的太阳到华夏儿女心中的太阳的对比中，总结归纳出了“地球离不开太阳，人民离不开党”的结论。字里行间流露出对太阳的希望与向往，对共产党的歌颂与赞扬，给听众留下了深刻的印象。

简洁有力的结尾

结尾是演讲内容的自然收束。结尾要简洁有力，余音绕梁。

因此，在演讲的结尾一定不要拖沓，而是尽量做到简洁有力！

讲话者往往有种错误的想法，认为自己要讲的观点在自己脑海中如水晶般清楚，因此听众也会同样清楚。事实上并不尽然，讲话者对自己的观点已经思考过相当长的时间了，但对听众来说这些观点却是全新的。它们就好像一把丢向听众的弹珠，有的可能落在听众身上，但绝大部分则凌乱地掉在地上。听众只能记住一大堆事情，但没有一样能够记得很清楚。所以有必要在讲话结束时总结一下观点。

下面是芝加哥的一名交通经理的讲话结尾。他在这方面做得比较成功。

各位，简而言之，根据我们在自己后院操作这套信号系统的经验，根据我们在东部、西部、北部使用这套机器的经验，它操作简单，效果很好，再加上在一年之内它阻止撞车事件发生而节省的财力，我怀着最急切和最坦荡的心情建议：在我们的南方分公司立即采用这套机器。

他的成功之处在哪里？那就是我们可以不必听到他讲话的其余部分，就可以看到并感觉到那些内容。像这样的总结极为有效，不妨在实际运用中加以发挥。

祝福式结尾

诚挚的祝福本身就充满了打动人心的力量，最容易拨动听众的情感之弦，使之产生共鸣。所以，讲话最后用祝福语作为结尾，可以使讲话气氛变得欢乐愉快、热情洋溢，使听众在愉快中增加自豪感和荣誉感，而对于送出祝福的讲话人，当然也会心存好感，并因此认可你的讲话内容。如《在迎新茶话会上的演讲》的结尾：

最后，在春节即将到来之际，我借此机会向全市的父老兄弟、姐妹们拜个早年。祝老年人春节愉快、身体健康、寿比南山！祝中年人春节快乐、家庭幸福、事业成功！祝年轻人春节欢乐、爱情甜蜜、前程无量！祝大家年年幸福年年富，岁岁平安岁岁欢！谢谢大家！

人们一般都喜欢被赞美祝贺，因此，相互之间的赞颂成了人们交往的最好手段。通过这些赞颂的话，讲话氛围可以再次达到一个新高潮，讲者和听者的关系也会变得更融洽。但要注意演讲者在说这些赞颂的话时，不要过分夸张和庸俗地捧场，否则听者就会认为你有哗众取宠之嫌。

第四节

在新意上做文章

老调新弹

法国的丹纳曾经说过:“一切典型永远可以推陈出新，过去如此，将来也如此。”这句话同样适用于讲稿，因为“喜新厌旧”是大多数人的通病，当一种形象或模式长期不变时，人们对它的兴趣就会逐渐降低，话语同样如此，一个道理总是被用同一个方式讲出来，听众就会厌烦，而老调新弹就是要我们从固定的模式中走出来，只要我们敢于和善于创新，就能使我们的言谈永葆生机和活力。

讲话也讲究“与时俱进”，需要创新，需要新的思维、新的模式，所以追求观点表达的创新是讲话者的重要任务。而创新并不是凭空臆想，而是要从“旧”的东西上挖掘出新的内容；旧，是新的基础，新的参考。这就像在市场经济中给商品换包装一样，同一种商品换一种新的包装，就给人耳目一新的感觉，增加商品的附加值，并激起消费者更强的购买欲望，比如大家近年来熟悉的月饼包装的更新换代。同样，在脱稿讲话时，把陈旧的观点道理“包装”一下，也可以让听众更容易接受。简单来说，还是那个词，老调新弹，在老旧的基础上说出新鲜的话题。

如联想集团总裁柳传志曾在讲话中说：“联想集团培养人的第一个方法叫作‘缝鞋垫’与‘做西服’。”他的意思是培养一个战略型人才和培养一个优秀的裁缝是相同的道理，培养一个裁缝不能一开始就让他做出一件做工精良的西服，而是要让他先学会缝鞋垫，鞋垫做熟练了再做短裤，然后学着做长裤、上衣，最后才能做出西服。培养人才也是这个道理，不能揠苗助长，操之过急，要一步一个台阶爬上去，这个并不新鲜的观点人人都懂。讲话者在这里把培养人才和培养裁缝类比，把培养人才的过程描绘为从缝鞋垫到做西服，用一个通俗而新颖的比喻给老观点披上了一件新外衣，内容是旧的，但形式是新的，可谓殊途同归，新意盎然。

除了“换包装”，还可以“破旧立新”，在旧的基础上树立新的内容。讲话中的破旧立新，就是在否定旧观点的基础上，提出与旧观点相反或相对的新观点，虽然破旧立新的难度和风险较大，但只要有实事求是的科学态度，有敢于将之说出来的勇气，就能收到震撼人心，甚至是一鸣惊人的效果。

如一位讲话者在《我们不愿做睡狮》中说：“有人曾预言，中国是一头睡狮，就这样我们被人家当了一百年睡狮，我们也把自己当睡狮自我陶醉了一百年。狮子是百兽之王，但一头酣睡的狮子能称得上是百兽之王吗？一只睡而不醒的狮子，一个名义上的百兽之王，并不值得我们为之骄傲。如果我们为这样一个预言而陶醉，就好比陶醉于

‘爷爷说我们祖上曾经是富贵人家’一样，真是脆弱而又可怜。我们不要伟大的预言，我们只要强大的实力，我们不要做睡狮，只要我们觉醒着、前进着，就比做睡着的什么都强。”

别人的预言曾是我们骄傲的资本，但仔细分析起来，为一个过去的预言而陶醉或昏睡，于实际又有何益处呢？所以演讲者鲜明地提出“我们不愿做睡狮”的观点，犹如当头棒喝，既促人清醒，又激人奋发。

生活中有许多流传甚广的话，如民谣、俗语、谚语等，但它们为人们所理解的内涵是相对固定的，如果讲话者能巧妙地借用这些老的形式，并加以“改装”，赋予它新的内涵，就能为我们在讲话中进行观点创新找到取之不竭的宝贵资源，而对于听众来说，则会使他们感到似曾相识但又侧重不同，只要讲话者能自圆其说且言之有理，就能在听众的认识上达成一种新的和谐。

让听众“身临其境”

细微之处见精神。与主题有关的细节如果能够描述得具体生动，会给人一种栩栩如生、身临其境的感觉，可以大大增强讲话的感染力。

一位战士，在某学校做以“教育下一代”为主题的讲话中，这样描述他的战友：

381号高地关系到整个战局的形势，夺下了就可以占据主动，痛歼敌人；夺不下，则有全军覆没的危险。因此，司令部下令要成立一支突击队进行首攻。

大家都积极报名，最后我们的团长担任这支突击队的队长。在发起攻击之前，团长亲自做了动员：“同志们，你们是中国人民的骄傲。养兵千日，用兵一时，这次战役能不能成功，就看你们这百十号人了，别给咱中国人丢脸，是好汉还是孬种咱们战场上见。现在，我命令你们15分钟务必夺下381号高地。”

战斗打响了，团长端起冲锋枪，喊了声“跟我上”就一跃而起，冲在最前面，战士们也不甘示弱，呐喊着冲了上去。

敌人开始疯狂地扫射，炮弹和手榴弹不时在我们身边爆炸。战场上硝烟滚滚，喊杀声惊天动地，战士们机警地一边向上冲锋，一边寻找一切障碍物做掩护。但是，还是有人不幸中弹倒下了。

……

他只是简单地包扎了一下，便又继续匍匐前进。可是，又有一颗炮弹在他身边爆炸。他被巨大的爆炸声震得昏了过去。

等他醒过来的时候，他发现自己的小腹已经被炸开……

他实在没有力气了，便努力支撑着自己的身体，用尽最后一点力气端起冲锋枪，向着敌人的阵地扫射过去。在他牺牲前，他打完了枪里的30发子弹。

……

这激动人心、细致入微的讲述，让在场的每一个人都情绪激动，有些人已经悄悄啜泣起来，整个会场庄严、肃静，人们都在回味着战场上生与死的考验，回味着我们的志愿军战士视死如归的英雄气概。

这就是恰当的细节描述所带来的震撼性效果。要想打动你的听

众，就应该带他们进入你所描述的意境，让他们仿佛置身其中，仿佛亲眼所见、亲耳所闻，这样的讲话才是真正的讲话。

化繁为简

现代的快节奏，要求讲话者的讲话简短有力，化繁为简，而不是洋洋洒洒没完没了。如若那样，只会招来听众的反感。但有些人叙述一件事情，为了卖弄才华，极力地修饰他们的语句，用重复的形容词，或穿插些歇后语、俏皮话，甚至引用经典、名人语录，让人摸不清他在说些什么。

有些人在说话时，东拉西扯，缺少组织和系统，也使人有不知所云的感觉。如果你要提升自己的影响力，只要在说话时记住说得简洁扼要就行了。在话未说出口时，先打好一个腹稿，然后再按照秩序一一说出来。

美国著名幽默作家、演讲家马克·吐温生平最头疼冗长的讲话。有一次，他在教堂里听牧师演讲，开始几分钟，他还听得津津有味，感觉讲得很有力量。准备在募捐时，将口袋里的钱悉数捐出。可是过了 10 分钟，牧师还没有讲完，他就改变了主意，决定给自己留下整钱，而只给牧师一些零钱。又过了 10 分钟，牧师还未讲完，他就决定一分钱也不捐了。待牧师讲完，收款的盘子递到他面前时，马克·吐温非但没给钱，反而从盘子里拿出 2 元钱。

这篇趣闻对喜好长篇大论“马拉松式”的讲话者是绝好的揶揄和讽刺。

讲话不仅要言之有物，还要言简意赅，化繁为简。在一般的情况下，没有必要滔滔不绝、长篇大论。简洁的话语让人有意犹未尽、余音绕梁之感。冗长而又索然无味的说话，不但无趣，还会让人觉得像老太婆的裹脚布，又臭又长，啰啰唆唆，使听者昏昏欲睡。

当讲话观点有高度概括性的时候，听众才容易记得住。常有人说：“今天的发言我就讲一个字。”但一个字讲了半个小时。有的人

长话短说效果更好

人们一般把冗长的讲话称为“马拉松式”的讲话，这种讲话往往空洞无物，占用别人大量时间。

即便是言之有物，但冗长的时间也会让听众抓不住讲话的重点，感到烦闷。

你听懂了吗？
她说了这么多，我都不知道重点是什么！

所以，讲话人要注意讲话的场合，注意时间的掌握，在不宜多说的时候，要长话短说，而三言两语的讲话往往也能够收到很好的效果。

说：“我就一句话。”一句话讲了两个小时。事实上，一个会议，一场讲话的内容，不要指望听众全记住，回去后能记住一个字、一句话就很不错了。针对这个概括性，举个例子来说明：

胡适在一次座谈会上说：“男人也要有三从四德。”顿时语惊四座，人们都在洗耳恭听。他进而解释说：“三从，就是太太出门要跟从，太太的话要服从，太太说错要盲从。”说罢，人们都笑起来。接着说：“四德是太太化妆要等得，太太发怒要忍得，太太生日要记得，太太花钱要舍得。”话音刚落，全场又大笑起来。

冗长的讲话是不会受欢迎的。如果讲话是用复杂的长句逐步展开的，那么最重要的结束语应该用短句，甚至可以用句子的一部分。

丘吉尔是英国历史上最著名的首相之一。他领导英国人民度过了战争的动乱年代，引导英国走向辉煌。丘吉尔一生最后的一次讲话是在剑桥大学的一次毕业典礼上。

在上万名学生的注视下，丘吉尔在随从的陪同下走进了会场，挥挥手走向讲台。他脱下大衣交给随从，然后摘下帽子，默默地注视所有的听众。一分钟后，丘吉尔说了一句话：“Never give up!（永不放弃）”说完后，丘吉尔穿上大衣，戴上帽子离开了会场。这时整个会场鸦雀无声，几秒后，掌声雷动。

“永不放弃”，这句话虽短，但浓缩了丘吉尔成功的根本原因。正是因这种“永不放弃”的精神，丘吉尔领导英国在极端艰苦的情况下挺过了伦敦大轰炸，最终战胜德国赢得了“二战”的胜利。

总之，语言的高度概括会使你的讲话内容更加容易让人记住。高度概括性的语言不一定是名人才有的，我们也可以，把话说得精练，高度概括，大家自然印象深刻，同时语言层次上升到一个新的高度。有一句话是这样说的："能把一句话说成十句话的人是语言的庸才，能把十句话说成一句话的人是语言的天才。"另外，还要提醒大家，高度概括的语言要让听众明白，而不是自造一些词而使听众不明白。

给讲话加点料

"料"，即"个性鲜明独特，与众不同"。讲话的"料"，体现在讲话者敢于打破常规，标新立异，独树一帜。讲话有"料"的人，不按常规的思维去思考问题，不按传统的观念去看待事物，他们的讲话立意新颖，角度独特，语言亦庄亦谐，表达灵动、张扬，充满了张力和磁性。显然，加了"料"的讲话，更具震撼力和吸引力，它会激活听众的思维，带给大家更多的回味和思考。那么，如何给你的讲话加点"料"呢?

1. 欲抑先扬，"引君入瓮"

欲抑先扬，"引君入瓮"的目的在于让大家产生错觉，"诱导"大家的注意力固定在要表扬的某人或某事上，然后突然向批评的方向转化，"期待"的落空使大家产生巨大的心理落差。这势必会带给大家更多的震撼。请看著名画家韩美林的一段讲话：

谁有权，谁钱多，谁就说了算。这就是没有文化的文化，用"没有文化"来干涉艺术，很可怕。也有的领导不错，很尊重艺术家。一次有一位领导同志，带了很多厂家，灯泡厂、钢铁厂的厂长来找我，说要让科学和艺术的两个翅膀结合起来。这位领导同志的想法很好，很正确，可是在审美上就有点问题了。我常说，一个人，他的世界观是正确的，但说不定他的艺术观会是落后的，甚至是反动的。这位领导总结得挺好，可下一句话我就听不下去了，他说，比如你画的猫头鹰，要是把两个眼睛挖了，放两个灯泡，我们不就结合了？（全场笑声）我当时就不客气了，就说干脆你把我的眼给我挖了吧。（全场大笑，鼓掌）

这是韩美林在《没有文化的文化是可怕的》讲话中的一段，他运用巧妙的构思，幽默诙谐的语言，欲抑先扬，“引君入瓮”。当讲到“也有的领导不错，很尊重艺术家”这句话时，听众很自然就产生了思维定式：他要表扬尊重艺术家的领导了。可听到后边，大家发现演讲竟完全背离了大家的心理预期，没想到被演讲者“表扬”为尊重艺术家的领导竟会说出“比如你画的猫头鹰，要是把两个眼睛挖了，放两个灯泡，我们不就结合了”这么一句令人啼笑皆非的话语来，这里，讲话者带给听众巨大的心理落差，大家在惊叹感慨之后自然忍俊不禁地发出会意的笑声：原来他是在善意地嘲讽那些“想法很好，很正确”，却没有文化、不懂艺术的一些领导。先对这样的领导予以表扬，将听众骗到“套”中，再揭示真相，这种方法自然加深了听众对他演讲主题的认识：没有文化的文化是可怕的。

如果演讲者不是以这种幽默诙谐的方式，而是一本正经，板着面孔地讲“没有文化的文化是可怕的”这么一个大而严肃的话题，就很难吸引大家的注意力，也很难引发大家对问题的深入思考了。

2. 暗示策略：寓理于事，不言自明

中国有句老话："只可意会，不可言传。"这句话一语道破很多无法用语言形容的景象和状况。很多时候就是这样，比如你看到一篇佳作，你被触动了，被深深打动了，可是如果有人说，你写篇读后感吧，那你多半要没了兴致，提笔也写不出心中的感受。

不过"只可意会，不可言传"，毕竟只是一个托词，对于朋友家人问的一些问题不好回答了，可以用这句话搪塞过去。然而在公众场合，比如领导提问、记者采访或者像外交官一样代表国家去接受问答，这句托词就起不到作用。

如果对方问了一个让你非常棘手，不知如何回答的问题，该怎么办呢？你不回答会显得你无知，若是回答又没有贴切的语言可以描述。这时候你可以针对提问讲一个事例，让对方认同其中包含的道理，然后将此道理应用于对方的提问，使答案不言自明。

如果能变被动为主动，让对方代替自己回答问题，可以说是达到人际应对中的较高境界了。我们可以针对对方的提问，举出一个类似的事例，反请对方说出其中的道理，然后回到最初的问题上，说明对方的观点正是问题的答案。一个回合下来，对方这个"系铃人"在我方的诱导下不知不觉又成了"解铃人"，使我方得以轻松地摆脱困境。

罗斯福第四次连任美国总统时，许多记者都抢着采访他，请他谈谈连任四次的感想。一位年轻记者破例得到罗斯福总统的接待。他没有正面回答青年记者提出的问题，而是先请他吃一块蛋糕。

记者获得殊荣，十分高兴，他很快便把蛋糕吃下去了。接着，

总统又请他吃了一块。当他刚要开口请总统谈谈时，总统又请他吃第三块蛋糕。青年记者受宠若惊，肚子虽饱了，还是盛情难却，勉强吃了下去。

记者正在抹嘴之时，只见罗斯福总统微笑着对他说："请再吃一块吧！"

记者实在吃不下去了，便向总统申明。

罗斯福总统笑着对他说："不需要我再谈第四次连任的感想了吧？刚才您已经亲身体验到了。"

罗斯福没有直接告诉记者自己的感受，而是让他通过连吃四块蛋糕，体验自己连任四次总统的感想，可谓高明至极。

有的话不需要说得很明白，对于不好回答或者不方便说的话，不妨打个比喻，或者推托一下，对方也就明白了，不会无趣地盘问下去了。

3. 反弹琵琶，言此意彼

"反弹琵琶，言此意彼"就是说演讲表面上是在和一些名言或传统的观念唱反调，但实际上却言在此而意在彼，是在借"题"发挥，巧妙地阐述自己的观点。

世界上很多非常聪明并且受过高等教育的人，无法成功。就是因为他们从小就受到了错误的教育，他们养成了勤劳的"恶习"。很多人都记得爱迪生说的这句话：天才就是99%的汗水加上1%的灵感，并且被这句话误导了一生。勤勤恳恳的奋斗，最终却碌碌无为。其实，爱迪生是因为懒得去想他成功的真正原因，所以就编了这句话来误导我们。

这是阿里巴巴公司创始人马云先生精彩讲话《爱迪生欺骗了世界》的开头。这段讲话令人震惊，他简直颠覆了人们心中的成功准则，可以说，很多人不但记得爱迪生说的那句话，而且是奉为真理的，讲话者如何敢如此妄言？于是，大家的注意力一下就集中到马云的讲话上，每个人都想知道他如何能自圆其说。讲话者列举了大量的事实来支撑他的观点，最后在结尾处点明：

懒不是傻懒，如果你想少干，就要想出懒的方法。要懒出风格，懒出境界！

这时，听众恍然大悟，原来讲话者立意上要对爱迪生的名言反弹琵琶，是醉翁之意不在酒，他这样做只是想从一个全新的角度来谈论成功：成功需要多用心去思考，而不是一味地傻干、蛮干。这样一来，大家就由开头的好奇、反对，变得心服口服了。应该说，讲话者这样独出心裁，反弹琵琶，言此意彼，要比直接告诫大家“多思考、别傻干”来得新奇、深刻得多，带给每个人的震撼自然也强烈得多。

4. 大胆“错位”，奇思妙想

“大胆‘错位’，奇思妙想”就是把本来不同类型的事或人联系在一起，因为超出常理，自然让人感到奇异和荒谬，而讲话在这奇异和荒谬中，又闪烁出理性和智慧的光芒。请看这段讲话：

他（阿Q）怎么求爱呢？他突然一天晚上就给吴妈跪下了，然后他说：“吴妈吴妈，我要和你困觉！”哎呀，然后呢，吴妈就哭，要抹脖子上吊，然后大家就都认为阿Q干出了毫无人性、违反道德、不守规矩、伤天害理、不齿于人类的这种事情，阿Q没有写检讨因为他不识字，但是他表示了检讨之意，而且还赔了钱，把一年的工钱

给演讲“加料”需要注意的两点

给演讲“加料”的时候还要注意场合和分寸，否则可能弄巧成拙，贻笑大方。

场合

要根据场合来选择究竟如何给演讲“加料”，比如，在葬礼上就不能加入笑料！

分寸

无论做什么都要有个“度”，给演讲“加料”也是一样，要注意“过犹不及”！

只有在“用法”“用量”和“场合”上把握好，“加料”才能让你的讲话取得成功。

都给了吴妈，而吴妈却一直在那里哭、哭、哭。如果阿Q在语言文字的修辞上下点功夫，能够到咱们中文系上两节课，能来这儿听讲座，他就绝对不会用这种话了！如果他读过徐志摩的诗呢？那么他见到吴妈就会说：“我是天空里一片云，偶尔投影在你的波心，你不必讶异，更无须欢喜，在转瞬间消灭了踪影。你我相逢在黑夜的海上，你有你的，我有我的，方向……”嘿，他可能就成功了！

这是著名作家王蒙为各大高校所做的讲话《语言的功能与陷阱》中的一段，讲话题目学术味很浓，但讲话却被他“处理”得很像朋友间的“闲”聊，语言口语化，而且风趣幽默。这种“错位”已是让大家大吃一惊，而当他提出他那近乎“荒谬”的设想：要让目不识丁的阿Q用徐志摩的诗去向吴妈“表白”时，简直就更让人感觉是“驴唇不对马嘴”，可也就是这故意的再“错位”，却更令听众过“耳”不忘，大家在捧腹大笑中自然接受了讲话者的观点：语言是有功用的。显然，讲话者这段错位联想，却将道理讲得深入浅出，由此增加了讲话的“料”，使讲话更有吸引力，更受师生欢迎，毕竟，这不是在面对语言专家宣读学术论文。

以上几位讲话者的讲话的确是各有各的精彩，但都有个共同点，那就是他们在讲话时，根据不同的场合和对象，有选择地加了点“料”，他们的讲话堪称是“加料”讲话的典范之作。

第三章

突发状况来捣乱，巧妙处理渡难关

知识是人类进步的阶梯，同样也是提高脱稿讲话能力的秘诀，更是让讲话精彩呈现的保障。

第一节

如何寻找思路

脱稿讲话的前期准备和写文章的区别

在脱稿讲话时往往会出现以下类似的情形：有些人遇到一些场合就发蒙；在开场时不知道怎样才能亲切自然而又得体地引入；有些人在讲话时，想好了说三点，说完了第一点结果后两点就忘了；有些人背熟了写好的讲稿，一脱稿什么都记不起来了……实际上，这些人就是没有弄懂脱稿讲话的前期准备和写文章的构思的区别，这两者之间虽然很相似，但如果按照写文章的思路去准备，在实际脱稿时，就会出现一些问题。

那么，这两者的区别具体体现在哪些方面呢？一般来讲，主要是从目标的群体、现场意识、语言意识、角色意识、时间意识、构思提纲这六个方面来说。只有明确了两者之间的区别，找出其中的差异，讲话者才能做到顺利脱稿。下面我们就分别来看一下：

第一，从目标的群体来说。写文章的目标群体比较广泛，它的读者对象可以是广大的群众，不存在任何限制。而脱稿讲话的目标听众是特定的，听众相对比较集中，需要脱稿讲话者根据听众的需要来准备思路。

第二，从现场意识来说。写文章的现场意识没有那么强，读者看文章，一遍看不清楚，可以回头再看，因此，层次稍微复杂一些不要紧；而脱稿写作的思维方式颇为独特，在构思和下笔时就需要提前进入“现场”，听众只能听一遍，因此要求层次、条理十分清楚，一听就明白。在内容选择、语言选用和谋篇布局上都要有临场感，都要对未来的现场气氛和效果有所预感、有所把握。因此，要写好演讲稿，就要突破一般文章写作的思维定式，从寻找现场感觉入手，以此作为运思行文的分寸，做到一一对应。

第三，从语言意识来说。写文章的时候，虽然是各种语言都采用，但是大多数采用的都是书面语言，而脱稿讲话一般以口语为主，这种语言是经过精心锤炼的，是生活化的语言，它的语汇、句式和语气都有浓厚的口语色彩，没有雕琢的痕迹，没有公文的程式化，没有诗歌式的跳跃和剪辑。因此，脱稿讲话在前期准备时需要使用生活化的口语，这样才符合现场意识。

此外，写文章时也不会有那么多的表情和手势语言，而脱稿讲话的时候会运用语气、停顿、语调等语音手段和感情、手势等体态语言。因此，在起草腹稿时，要摆脱其他文体的负面影响，在语言体裁的抒情上以适合现场表达为尺度。比如，秋瑾的著名脱稿演讲《敬告二万万女同胞》：

陈后主兴了这缠足的例子，我们要是有羞耻的，就应当兴师问罪！即不然，难道他捆着我的腿？我不会不缠的么？男子怕我们有知识、有学问，爬上他们的头，不准我们求学，我们难道不会和他分辩，就应了么？这总是我们女子自己放弃责任，样样事一见男子做了，自己就乐得偷懒，图安乐。男子说我没用，我就没用；说我不行，只要保着眼前舒服，就做奴隶也不问了。自己又看看无功受禄，恐怕行不长久，一听见男子喜欢脚小，就急急忙忙把它缠了，使男人看见喜欢，庶可以借此吃白饭。

此段文字，语句组合精巧，语言通俗易懂，讲话者通过几个反问的句子，加强了说话的语气，用充满感情色彩的语气向人们阐述了自己对缠足的看法。自然讲话就显得生动、深刻。

第四，从角色的意识来说。写文章的角色相对变化少一些，可能只需要将文章写出来，其中所发生的事不需要参与进去。而脱稿讲话的角色却是变化多样的。每个人在脱稿演讲的时候，要根据具体的场合来转变自己的角色。如在婚庆场合应该说什么，在悼念场合应该说什么，在年终庆典应该说什么，在各种会议上应该怎么说……不同的场合决定了脱稿演讲者要扮演什么样的角色。所以，在准备脱稿讲话时，一定要弄清自己的角色，只有这样，才不会让自己犯更多的错误。

第五，从时间意识来说。写文章的时候不用考虑时间的长短，更不用担心没有时间，而脱稿讲话的时候，就需要根据已有的时间安排自己讲话的内容，最好不要超出规定的时间。因此，在准备脱稿讲话的时候，打好腹稿后，要做好预讲，仔细估算出你需要的时间，切记不能太短和太长，时间把握得当，才能赢得听众的认可。

第六，从构思的提纲来说。写文章的时候，需要越详细越好，尽量地把所说的事都一一讲清楚，而脱稿讲话在准备的时候正相反，越简单越好，因为越简单才越容易理解和记忆，如果把任何细节都装在脑子里，等到紧张的时候可能会统统忘掉，与其这样，还不如简单地记下框架，允许自己即兴发挥一下。

以上这六个方面是写文章和脱稿讲话准备的六大不同，了解了这些，我们就不会用写文章的方法去构思脱稿讲话了。

不是自己想说什么而是听众想听什么

在脱稿演讲上，说话不但要看场合，还要说出听众最想听的，这样才能满足听众的心理需求，讲话才具有感染力，如若不然，听众就会渐渐离你而去，你的脱稿演讲也就变成独角戏，自弹自唱自听。因此，脱稿演讲上，我们要时刻地提醒自己，不要总说自己想说的，而是要说出听众最想听的。

要知道，脱稿演讲效果的评判在很大程度上是由听众对演讲的接受程度而定的，这就需要我们时刻把握演讲过程中听众的心理。因此，这就要求讲话的内容必须符合听众的知识结构，切合听众的心理。

十分有名的《钻石宝地》是由康威尔·罗李的演讲，而且他曾经即兴演讲过6000次以上，也许有人会以为他的演说只不过像录音机一样，多次播放相同的内容，甚至连每一句话的抑扬顿挫都没有改变。然而事实并非如此，因为罗李明白每一次的听众都不尽相同，他必须对演说做适当调整以满足不同层次、不同品位的听众。当他到某地发表演说前，总是先去拜访当地的各个阶层的人物如局长、经理、工程师、理发师等，或是随便和某人闲聊，并从闲聊中根据他们的言谈举止分析他们会有怎样的期望。然后，才因地制宜、因人而异确定内容、题材，再发表演说。无疑，罗李深知思想传达的成功与否很大程度上取决于听众的理解和接受程度的高低。

显然，罗李充分调查了听众的情况，掌握了大量的材料，从而弄清了听众的知识结构，这样才能充分抓住听众的心理，说出听众想听的内容。因此，我们在脱稿讲话之前，不妨调查一下，知道听众是什么样的群体，见机行事，才能取得预想的效果。

要知道，成功的脱稿演讲者热切地希望听众感觉到他所感觉的，同意他的观点，分享他的快乐，分担他的忧苦。而听众也很在意高高站在讲台上的那个人说的话与自己有多大的联系。所以，在脱稿演讲时，要想说出观众想听的话，讲话者就得以听众为中心，放弃以自我为中心，努力去寻找共同语言，与听众产生共鸣。这里要提醒的是，共同语言必须考虑到听众、场合等因素，可以寻找大家可能的共同经历和遭遇、目前面临的共同问题、共同的需要，等等。

艾立克·约翰斯敦曾担任过美国工商会会长、电影协会会长，他在演讲中说道：

俄克拉何马这块土地对商人而言，原本与鬼门关一样，被认为是永无发展的荒凉之地，甚至在旅游指南中被删了名字，这都是不久前发生的事情。但是，你们一定也曾听说过，1930年左右，曾经过这里的乌鸦向其同伴提出警告，除非已备足粮食，否则到这里就无法

讲听众感兴趣的话题

许多人无法成为脱稿演讲的高手，主要原因是他们只会谈些他们自己感兴趣的事情，而这些事情却令其他人感到厌烦、无聊。

相反，若是多讲一些听众感兴趣的话题，给予听众更多的乐趣，也许你最终会成为一个成功的脱稿演讲者。

因此，必须依着听众的兴趣而演讲。抓住听众最想听的，让他们知道你的说话内容与他们有关，与他们的兴趣有关，与他们的问题有关。

生存。

大家都把俄克拉何马当成无可救药之地，绝不可能有开拓性发展。但到了 1940 年，这里奇迹般逐渐变成了绿洲，甚至将她的美妙变革谱成流行歌曲：大雪过后，微风轻拂，麦田飘散着芳香，摇曳多姿……这不是俄克拉何马欣欣向荣、勃勃生机的写照吗？

仅仅 10 年的时间，你们的家乡已由一片黄土沙漠，摇身变为长得像大象一样高的玉米田，这就是信念的报偿和敢于冒险犯难的结晶。

由于演说者善于从听众所熟悉的生活环境、切身体验中选材，然后经过分析、归纳、总结，在纵向比较和横向比较上做文章，因而取得了演讲的成功。他以新奇、生动、贴切的语言紧紧抓住了听众的心，拉近了演讲者与听众的心理距离，说出听众想听的，这样的脱稿演讲无疑是成功的。

不用举更多的例证，我们已经明白，与听众休戚相关的话题，必然会赢得听众的认同进而被听众接受。如果我们心中没有听众，以自我为中心，听众就会因感到事不关己，而显得心不在焉，东张西望，这无疑是对演讲的嘲讽。

也许，我们每个人都会使用语言，重要的是看你怎么样去使用，在寻找思路的时候，若能够更多地关注听众的情绪，让他们听到最想听的部分，这样我们的演讲才能精彩、成功。

新颖的主题受欢迎

大凡即兴演讲与说话，都有一个特定的主题范围，因为主题是演讲的灵魂。但主题的范围有大小，于是就有一个选题是否新颖的问题。只有脱颖而出的主题才能让人为之瞩目。

有位演讲者参加了以“交通安全”为主题的演讲比赛。他分析了这个主题之后，感觉到可能很大一部分选手会立足于“人们交通安全意识淡薄而产生的危害”这个角度，展示在听众面前的可能是一个个骇人听闻、惨不忍睹的血腥事件。这样，十几名选手讲下去，听众会听得喘不过气来，时间长了，会产生一种倦怠的感觉。经过考虑之后，他想从新的角度去表达。于是他选取了另一个角度，即现代生活中很多人不理解交通警察，致使交警的工作举步维艰，如果全社会都来理解交警、支持交警的工作，交通事故将会减少。他斟酌再三，确立了以《奉献与理解》为主题，通过赞颂交警默默耕耘，为祖国、为人民无私奉献的精神，呼唤人们理解交通安全工作。他的演讲为比赛吹来一股清凉的风，赢得了听众的热烈掌声。

在演讲中，创新已经成为一种时尚的追求，创新主题的途径，无外乎三种：

1. 钩沉发挥法

即兴说话中用到的材料一般都是习以为常的事物，这一方法要求针对某一事物或现象发现人们向来并不注意的本质意义，从而确定更新颖的主题。某些常见的事物，并不符合实际，但往往被当作正确的东西长期相传，而对那些事理的正确认识，却沉到了生活的最底层。如果把它们钩出来，确定为主题，自然能够突破习见或传统看法，使听众耳目一新。

2. 角度变换法

艺术摄影不仅可以从正面平视的角度拍摄，镜头可侧、可背、可仰、可俯；可以逆光，可以顺光。只有这样才能拍摄出不同特点的照片。从同一则材料中发现不同的主题，也需要这种艺术，这就是角度变换法。苏轼的“横看成岭侧成峰，远近高低各不同”这两句诗，很形象地说明了这种方法的奇特作用。任何事物的内部结构都比较复杂，外部情况也是多种多样，因而同一事物除了具有正面基本意义之外，还具有许多旁引乃至反面性的意义。因此，在构思过程中就可以从多角度引出众多主题进行充分选择，避开俗题。

3. 知识杂交法

知识杂交法，即把自己熟练掌握的不同学科中相对独立的知识或问题结合起来，使之构成一个新的研究题目进行研究，从而引出全新的观点的方法。这也是学术研究选题创新的重要方法之一。在即兴演讲当中，针对那些比较客观的材料和标题，构思时可以将某些感性的东西渗入其中，如个人的生活经历或经验等，这样一来，你就赋予这个题材新的内涵。于是，这个主题便在无形中产生了新意。

最后，不要忘记给新的主题冠一个漂亮的、能准确概括它的名字，这就是题目。题目的拟定务必要做到简洁、新奇、意远，让听众"一听便知，过目不忘"。

第二节

容易断电怎么办

积累不够没话说

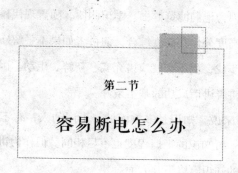

在脱稿演讲的过程中，尤其是在遇到专业的话题的时候，由于对这个话题的了解不深，讲话者不知道说什么好，没话可说，造成了思维的断电，这种情况就是因为讲话者自身的知识储备不足。所以，为了预防这种断电的事情再次发生，讲话者需要扩充自己的知识储备，拓展知识面，做一个胸有成竹的讲话者。

要知道，人类知识包罗万象、纷繁复杂，这也是脱稿讲话者侃侃而谈的力量之源。讲话者要想发挥自己的潜能，成为妙语连珠、滔滔不绝的演说家，就必须要有足够的知识底蕴。因此，就需要不停地阅读来增加自己的知识储备。当然，这种阅读并不是盲目的，而是有选择、有目的地阅读。我们要选择那些有影响的书籍来填充自己的头脑，而不是那些精神垃圾。

古今中外的成功演说家无一不是学识渊博的。他们之所以能旁征博引、妙语惊人，之所以能把一些事例生动、形象、有趣地组织到演讲中，就是因为他们博览群书，学识渊博。随着现代科技的高速发展，各种科学高度分化和高度综合，演讲者如果不了解新知识，跟不上时代发展的步伐，就不会使演讲充实、新鲜、生动。因此，丰富的学识是脱稿演讲者讲话成功的基本条件。

对讲话者来说，知识是多方面的。不同的人，有不同的知识要求；不同的人，对知识的把握程度也不尽相同。但作为讲话者，应当掌握的最基本的知识有以下几方面：

1. 处世知识

处世知识一般指的是人情世故、社会活动、与人交往等一些为人处世的知识。要知道，人是社会中的人，每个人与社会都有着千丝万缕的联系，要想在社会中生存，就必须懂得一些做人之道、处世之道。这对于脱稿讲话也同样重要。比如说，你出席一些重要的场合，就需要掌握最起码的应酬知识，只有这样，才能说出与当时的情境相适宜的言辞。倘若我们不了解这些知识，就可能会在脱稿讲话时因某一细微疏忽讲错话而造成不良后果，导致讲话失败，甚至闹出笑话。

2. 世事知识

世事知识指的是社会生活中方方面面的常识、经验、教训、风土、人情、习俗等方面的相关知识。这样的知识无须我们深入地研究学习，只要在平时的生活中多加积累，逐步领悟、体会，慢慢就能感悟到。

曹雪芹曾说：“世事洞明皆学问，人情练达即文章。”一个不谙世事的人，所发言辞要么造成笑话，要么酿成苦酒。因此，人们要想丰

积累知识的方法

有哪些知识积累法效果比较好呢？下面为大家提供 3 个参考方法：

卡片法

你可以买一个活页的笔记本，主要是摘录一些观点和材料。把这些材料按照类别整理在一起，这样，页码灵活，便于整理，也便于查找。

剪贴法

平时你肯定会阅读一些报纸、杂志，当你看到有需要的资料的时候，最快的方式就是把它剪下来，分门别类地整理在笔记本上。

记录法

你可以把平时发现的有用材料，随时记录下来，然后分类整理，拟上标题，并在开头编上目录，便于日后检索。

也许每个人都觉得开始很容易做到，但是很少有人能长期地坚持下去，但只有长期地坚持下去，才能储备很多知识，才能在脱稿讲话中表现更加出色，才能显示自己更加出色的口才。

富自己的语言修养，提高讲话的能力，让脱稿讲话更出色，就必须具备这类知识。

3. 文化知识

这里说的文化是指大文化，是人类在社会历史发展过程中所制造的物质财富和精神财富的总和。诸如天文、地理、历史、文学、艺术、哲学、经济、法律，等等。这些知识往往以成语、典故、佳作、名言、警句为载体，最能陶冶情操、提高修养、开阔视野，从而使表达者的言辞更具感染力、说服力、吸引力。这种知识不能从一时的学习中获得，需要孜孜不倦地积累。只有当文化知识的积累达到一定的程度，才能在脱稿讲话时才思敏捷，如滔滔江水连绵不断。正所谓“问渠那得清如许？为有源头活水来”。

4. 专业知识

所谓“术业有专攻”，人一生精力有限，不能做一个博学家，就要精于本职工作，熟练掌握专业知识。而获得专业知识，我们可以从两条途径入手，一是靠学习，二是靠实践。当今社会是信息社会，知识更新迅疾，一个好的专业人员不关注本领域最新进展，就无法发现自身的知识盲点，既不利于工作进行，更不利于说话水平的提高。脱稿讲话的时候，很可能因为新知识的匮乏导致无话可说，出现“断电”的情况。

知识是人类进步的阶梯，同样也是提高脱稿讲话能力的秘诀，更是让讲话精彩呈现的保障。

总之，只有在脱稿讲话之前，了解了各方面的知识，讲话者才能在众人面前口若悬河，侃侃而谈。因此，增加知识储备是脱稿讲话刻不容缓的任务。

关键词提醒法

在讲话过程中，往往有的人因为一些原因忘记要说什么了，思维突然中断，这就是我们通常所说的断电、卡壳。显而易见，在这种情况下，如果你不能及时有效地续接演讲，就可能使自己陷入无法摆脱的窘境，并由此而导致整个脱稿讲话的失败。

实际上，造成断电的原因是比较复杂的，它涉及主观和客观两个方面的因素，如自己的文化素养、理论水平、心理素质和表达能力等，但这种情况也不是不能克服的。讲话者若能熟练掌握和灵活运用一些临场的应急处置技巧，提前做好准备，那么，面对断电的情况，讲话者就不会那么恐惧和紧张了。在众多的技巧中，我们可以采用有效的关键词提醒法，这个是脱稿讲话高手的秘诀，它能够帮助我们迅速从断电中解脱出来。

所谓关键词提醒法，是一种对于讲稿更高层次的提炼。把整个演讲的内容用几个关键词提炼出来，再由这几个词衍生出关键的内容，保证你在众人面前脱稿讲话时能够准确地、流畅地表达。

高杰作为嘉宾被邀请参加一个培训师的高端会议，会议倡导建立一个培训师联盟，在主办方发表了热情洋溢的演讲后，也希望在场的嘉宾能够发表讲话，多给培训师联盟提一些建议。

高杰早就知道自己要在众人面前发言，所以已有准备。他以出色的口才赢得了在场每一位听众的好评。在脱稿发言的时候，他采用了关键词提醒法，简单而直接地说出了自己想要表达的内容。

他把演讲稿概括成了 4 个关键词，分别是奉献、学习、成长、发展。这 4 个词是有内在的逻辑关系的。他在开头说："愿意加入该平台的人是懂得奉献的人，如果大家来这个平台是索取，这个平台注定是会失败的。所以，他的第一个关键词是懂得奉献，愿意奉献、乐于奉献。"

第二个关键词是学习。他接着说："因为你奉献了，大家就都奉献了，所以，才会互通有无，这样每个人才会从中学得知识……"

第三个关键词是成长。他继续说："我觉得在这里光学知识是不够的，大家来这里的目的是成长，只有在经验和技术方面获得成长，最终才能被市场所接受……这也取决于主办方是否有足够的资源让我们成长。"这还引出了他的第四个关键词——发展。

"我想大家聚到这里就是为了发展，尽我们最大的努力，把这个平台做大做强。而发展需要一个目标，只有把目标确定下来了，我们才能实现飞跃式发展。"

我们可以看出，这篇讲稿思路非常清晰，总结的 4 个关键词非常简练，并且还存在一定的逻辑，提到这个自然就想到下一个，内在之间的逻辑会增加大脑记忆。因此，我们在熟记讲稿的时候，要善于提取关键词。我们再看一个例子，也许对你怎样提取关键词帮助很大：

在座的各位人保局的领导、各培训机构的领导，大家上午好！

首先要感谢市人保局组织的这次研讨会，为我们各培训机构创造了一个学习和交流的机会。我也非常高兴能有这个机会，和各位经验丰富的专家、领导交流办学经验和心得。

这是我第一次参加全市范围的培训机构研讨会，为了方便大家记住我，我先介绍一下我自己。我叫张蕾，张爱玲的张，徐静蕾的蕾。她们一个是文化界的名人，一个是文艺界的名人。我想我们做教育、做培训与她们的共同之处就是“通过一个舞台去影响更多的人”。说到这个舞台，我就得介绍一下我们培训学校……

今天来到这里主要是抱着一个学习的心态，向各位前辈取经来了，下面就结合我们的创业经历谈一点儿我个人不成熟的想法……

上述这个例文，我们可以总结出：“好、感、高、名、人、希”这6个关键词。“好”就是提示你开头要问好；“感”是感谢主办方的邀请；“高”是高兴，提示你现在需要向听众传达自己受到邀请的高兴心情，一般也会带上谦虚的语气，用荣幸、有幸等词语表达；“名”是提醒你该做自我介绍了，向听众介绍自己的名字，这其中可以有适当的自我发挥；“人”就是告诉大家你是哪个单位的人；“希”是提出希望，也是最后的结束语。这样简单地总结出的6个字，会比背诵整篇演讲稿更容易记忆，6个字串联起整篇内容，使讲话者的思维更通顺，不会因为死记硬背而丢掉内容，还有一定的发挥空间，使讲话显得更丰富，不死板不单调。

总之，每一篇演讲稿都有其独特的内容，我们要依据具体的情况来总结关键词，这样才能在脱稿讲话出现断电、卡壳的时候及时根据关键词联想出后面的内容，保证讲话能够顺利地进行下去。

情况复杂不知说什么好

也许经历过脱稿讲话的人都曾面对过这样的情况：在发言的时候确实有话可说，但因情况特殊或者比较复杂，一时不知怎么说才好。比如说，不说不合适，说了又怕得罪人，或者是拿捏不好怎样表达才容易让大家接受，等等。面对这些情况，讲话者往往很容易断电或者卡壳，这就需要我们加强四大意识，即场合意识、角色意识、听众意识以及目的意识。

首先是加强场合意识。脱稿讲话者在遇到一些特殊的情况，比如说在你讲话的时候，或许在环视全场的时候，看到一些听众无视演讲，并且还不遵守场上的秩序；或者是有人突然对你讲的内容进行提问，同时其他听众也随之问起来……面对突如其来的复杂状况，你却不知该怎么说。这时候，就需要你镇定，如果你自己都失控了，掌控不住局面，场面会变得很难堪。面对这样的情况，讲话者不妨在这时候，多多重复刚才听众提出的问题，并且把这些问题有顺序地说出来，就像是排列一样，一一为他们解答，并且在回答听众问题的时候一定要非常谦虚，切记不要忽略了听众的问题，试着把这样的问题看成是一种现场的交流和互动。多多增加和听众的交流互动，增强场合意识，你所面临的复杂情况就会迎刃而解了。

其次是增强角色意识。有一些讲话者，往往在脱稿的时候，分不清自己所扮演的角色，没有根据自己的“角色”说好合适的话，这样很有可能会得罪某些听众，或者冒犯了听众，从而招致听众的反感。这样做的结果就是失去听众的支持，甚至会遭遇一些突发状况。对于这样的情况，讲话者先要在开讲之前明确自己所担当的角色，量身定位，根据自己的角色说好合适的话，尽量让自己的讲话内容获得

面对刁难者的方法

演讲的时候会碰到许多复杂的情况，其中出现刁难者也是十分常见的情况。面对刁难，有随机应变能力的人，能调动自己的智慧，化被动为主动，使尴尬烟消云散。

你说的是人话吗？根本听不懂！
真是抱歉我只顾着说话，忘了照顾非人类朋友了。

1. 歧解语义

它是指故意将对方讽刺性的话做出另一种解释，而这种解释又恰巧扭转了矛头，指向对方，这等于让对方自己打自己的嘴巴。

2. 装聋作哑，糊涂到底

“装聋作哑”，就是指对别人的话装作没有听到或没有听清楚，以便避实就虚、猛然出击的处理问题的方式。

演讲的过程是无法完全控制的，其间会出现什么情况事先也是无法预知的，因此，想要顺利完成演讲，就要学会用自己的智慧化解一切突发的复杂状况。

听众的赞赏和认可。

再次是增强听众意识。在有些脱稿讲话的过程中往往会出现这样的情形：你所讲的内容得不到听众的认可，得不到听众的支持，你内心会琢磨着采用怎样的表达会让听众接受和认可，甚至会急得满头大汗，越是着急越是说不出来。内心这种复杂的心理活动会一直干扰着你直到讲话的结束。

对于上述这种情况，脱稿讲话者不妨在现场多多进行尝试，试着去听取听众的意见，这样你会逐渐发现听众喜欢怎样的表达方式，这也是增加听众意识的表现。只有充分了解了听众的意识和想法，才能确保在现场得到更多听众的认可。

最后是增强目的意识。尤其是在辩论赛的时候，每个人的目的意识都非常强。很多人会由于自己的思维没有跟上或者是还没有想出回答对方的提问的答案，自然会被人问到哑口无言，不知道接下来应该怎么接。

这种情况需要一定的应变能力和知识储备，只要我们在这方面做好准备，尽可能地想出对方会问到的问题，自然就不会断电了。如果事先这方面还没有准备好，这就需要你做出及时的反应，并且只要是和主题有关，尽可能说出内心的想法。

总之，在平时脱稿讲话时，时刻注意加强这 4 种意识，事前做好充分的准备，即使遇到再复杂的情况，都可以轻松化解。坚持下去，你就会发现，讲话中卡壳的时候越来越少了。

第三节

话从哪里来

现场找亮点

生活中，很多人在即兴讲话的时候都很犯愁没有话说，不知道应该说什么，找不到合适的话题。正所谓“巧妇难为无米之炊”，没有话题，讲话就不知道从何讲起。对此，讲话者不妨多留心一下现场的情况，有时候你不经意间的发现，会提供灵感，找出合适的话题，便不会无话可说了。

张雨是比较木讷的一个人，不太爱说话。可生活中，当众讲话是在所难免的，在不知道该怎么说的时候，他学会了从现场找话题，善于从现场中找亮点。这样，他每次当众讲话时，都能侃侃而谈。

最近的一次同学聚会上，许多人发言，前面的同学都说得非常好，几乎都讲了自己的经历和阅历。到了张雨发言的时候，他觉得别人说得都差不多，不应该像其他的同学一样，于是他就开始观察现场的同学，经过一段时间的思考后，他这么说：

大家都知道，原来我不太爱说话，可这次我不能不说。因为这次聚会我有三个意外。

第一个是赵宇竟然出国发展了。刚才听小加说他去美国了，一直以为他在北京发展呢，竟然也向往起美利坚合众国了；

第二个意想不到是高鹏竟然自己当老板了。看来这家伙是厌倦了百度高层的惬意生活，出来单打独斗了，是不是想体验民生啊？！

第三个意想不到是娟子竟然购得金屋来藏“孩”。一直听说娟子为了孩子上学买了套学区房，没想到竟然是上千万的豪宅，可谓用心良苦啊，自愧不如啊！

看着同学们今日的成就，想想当年，真是感慨万千啊！看到桌上的面条，想起了深夜里一起煮方便面吃的弟兄们，每次饭盆轮到张晓松那儿，总是只剩下汤；看到徐册，又想起了你追小加时的情境，现在我们都为人父、为人母了，从事的是各行各业。这份缘，这份兄弟情，我会一直珍藏。

最后，在新的一年来临之际，祝大家事业有成、家庭和睦、万事如意！来——干杯！

这样的话，身在现场的每一个人都会感觉到很亲切，张雨就是把眼前听到的、看到的人或者事，用自己的语言组织起来，不仅表达了内心的真情实感，同时也牢牢地抓住了每一位听众的心。

其实，有没有话说，不在话有没有，而在你有没有“现场抓话”的意识。成功的脱稿演讲者都善于从现场中寻找话题，为自己的讲话增添亮点，从而让自己的讲话新奇出彩。此外，从“现场抓话”的方法还可用在事先来不及准备的脱稿场合。只要你善于发现自然就会找到合适的话题。

下面是一次在地铁上的演讲：

在场的乘客朋友们大家好，非常抱歉，我想在此发表一场简短的演讲，因为有一个非常重要的观点想和大家一起分享。

今天不管是何原因，茫茫人海，我们却相遇到了同一辆地铁上，我都觉得这是一种缘分，如果你愿意的话，可否为我们这样的缘分鼓掌一下。谢谢大家的配合。

今天要跟大家分享的观点是什么呢？那就是4个字叫“快乐有钱”，如果你也希望人生过得更快乐，同时也希望人生过得更富有的话，那么这样的一个观点就非常重要了。

我们都知道我们的心情可能会因外界的事情而受影响，如天气、金钱、工作的压力、家庭关系、婚姻、房子等。在此我想要说的是，不论这些有没有，我们都生活在这样的一个现实中：我的过去受到性格、房子、金钱等诸多因素影响，让我一直过得很有压力，但今天的我完全改变了。这个改变并非因为事情已经全部解决，而是我的心态已经发生了翻天覆地的变化。我不再受外界事物的影响，因为我们都知道这样一句话：“开心是一天，不开心也是一天，何不开开心心过好每一天呢？”我们今天生活在这美丽的城市，它被称为最快乐城市、最具幸福感城市、现代田园都市，这些都是事实。亲爱的朋友们，看看你身边的朋友，每天是不是都洋溢着幸福的笑容呢？

（这时候，他向一对夫妇走去）问道：“你们觉得每天幸福吗？开心吗？”

女人回答：“每天有很多烦心事，没有什么值得开心的事情。”

“那你喜欢这座城市吗？”

女人回答：“喜欢，我想尽力让自己开心起来，可是就是有那么多琐碎的事情烦恼，总是开心不起来。”

（然后，他离开了那位女士，面向大众）我也是非常喜欢和热爱这个城市，我希望为这座城市的魅力增添色彩。如果你愿意让自己变得更快乐的话，让我们主动给你旁边的那个可能之前还不认识的朋友一个迷人的微笑好吗？同时再看看有哪一位没有微笑露齿哟，谁不露齿的话，今天我们就叫他无齿好吗？开个玩笑别介意啊。微笑是世界上最美丽的语言，请把我们的微笑传递给你身边的每一个朋友，好吗？我相信如果我们的朋友都能做到的话，这将是世界上最美丽和最有魅力的城市，各位说是不是呢？认同的话掌声鼓励一下。

……

通过这篇讲话我们可以看到，这样的演讲既切合实际，又能得到观众的认可，还可以为自己讲话的内容增加亮点。因此，在以后即兴演讲或者当众讲话的时候，讲话者要善于从现场寻找话题，这样也就不用犯愁没话可说了。

从梳理的阅历中来

脱稿讲话属于公众沟通，而公众沟通不仅承载着信息的传递、思想的交流，还有情感的沟通。情感的沟通往往又是最能直指人心、打动听众的。所以，如果在脱稿讲话的时候找不到话题，不妨从你和对方的共同经历开始说起，这样不仅找到了共同点，而且这样的讲话是深受听众喜欢的。简单来说，在脱稿讲话的时候，你不知道怎么寻找话题的时候，你就需要梳理一下自己的阅历，找出与人共同的经历，也许能让你的讲话更加真诚、可信。

下面的范例是华中科技大学的校长在学生毕业典礼上的一次讲话，他就充分运用了从阅历中找共鸣的方法，打动了毕业生们的心，令众多学子潸然泪下，如果将这种方式用在脱稿讲话中，则能感染听众，拉近彼此之间的距离，使听众在心理上与讲话者产生共鸣。

我知道，你们还有一些特别的记忆。你们一定记住了“俯卧撑”“躲猫猫”“喝开水”，从热闹和愚蠢中，你们记忆了正义；你们记住了“打酱油”和“妈妈喊你回家吃饭”，从麻木和好笑中，你们记忆了责任和良知；你们一定记住了“姐的狂放”“哥的犀利”。未来有一天，或许当年的记忆会让你们问自己，曾经是姐的娱乐，还是哥的寂寞？

亲爱的同学们，你们在华中科技大学的几年给我留下了永恒的记忆。我记得你们为烈士寻亲千里，记得你们在公德长征路上的经历；我记得你们在各种社团的骄人成绩；我记得你们时而感到“无语”时而表现的焦虑，记得你们为中国的“常青藤”学校中无华中大一席而灰心丧气；我记得某些同学为“学位门”、为光谷同济医院的选址而愤激；我记得你们刚刚对我的呼喊：“根叔，你为我们做了什么？”——是啊，我也得时时拷问自己的良心，到底为你们做了什么？还能为华中大学子做什么？

我记得，你们都是小青年。我记得“吉丫头”，那么平凡，却格外美丽；我记得你们中间的胡政在国际权威期刊上发表多篇高水平论文，创造了本科生参与研究的奇迹；我记得“校歌男”，记得“选修课王子”，同样是可爱的孩子。我记得沉迷于网络游戏甚至濒临退学的学生与我聊天时目光中透出的茫然与无助，他们还是华中大的孩子，他们更成为我心中抹不去的记忆。

我记得你们的自行车和热水瓶常常被偷，记得你们为抢占座位

社交场合更适合聊共同经历

一般人一提起讲话，认为内容应该严谨而富含知识，其实这是个误区。

大家出来聚一下，他说这些术语是显摆他知识丰富吗？

有的场合，知识仅是一方面，不应该过分地展示知识，特别是社交场合，大家聚在一起不是来讲知识的，而是增进彼此之间的感情。

当年我们一起……

这时候的发言，还是多多谈及共同经历的事情，这样就会唤起大家共同的回忆，促进感情的升华。

不过，在语言组织上还是有技巧的，要将所感受到的真情实感串起来一层一层地表达，争取做到让听众句句看得见，感受得到，自然能够赢得听众的欢迎。

而付出的艰辛；记得你们在寒冷的冬天手脚冰凉，记得你们在炎热的夏季彻夜难眠；记得食堂常常让你们生气，我当然更记得自己说过的话："我们绝不赚学生一分钱。"也记得你们对此言并不满意。但愿华中大尤其要有关于校园丑陋的记忆，只要我们共同记忆那些丑陋，总有一天，我们能将丑陋转化成美丽。

同学们，你们中的大多数人，即将背上你们的行李，甚至远离。请记住，最好不要再让你们的父母为你们送行。面对岁月的侵蚀，你们的烦恼可能会越来越多，考虑的问题也可能会越来越现实，角色的转换可能会让你们感觉到有些措手不及。也许你会选择"胶囊公寓"，或者不得不"蜗居"，成为"蚁族"一员。没关系，成功更容易光顾磨难和艰辛，正如只有经过泥泞的道路才会留下脚印。请记住，未来你们大概不再有批评上级的随意，同事之间大概也不会有如同学之间简单的关系；请记住，别太多地抱怨，成功永远不属于整天抱怨的人，抱怨也无济于事；请记住，别沉迷于世界的虚拟，还得回到社会的现实；请记住，"敢于竞争，善于转化"，这是华中大的精神风貌，也许是你们未来成功的真谛；请记住，华中大，你的母校。什么是母校？就是那个你一天骂她八遍却不许别人骂的地方。

亲爱的同学们，也许你们难以有那么多的记忆。如果问你们关于一个字的记忆，那一定是"被"。我知道，你们不喜欢"被就业""被坚强"，那就挺直你们的脊梁，挺起你们的胸膛，自己去就业，坚强而勇敢地到社会中去闯荡。

亲爱的同学们，也许你们难以有那么多的记忆，也许你们很快就会忘记根叔的唠叨与琐细。尽管你们不喜欢"被"，根叔还是想强加给你们一个“被”：你们的未来“被”华中大记忆！……

通过这位校长的讲话我们看到，他使用了一些发生在学生们身边的事件作为材料，这不仅让学生们回忆起了某些大学时光，还道出了学生们毕业后即将面临的问题，什么烦恼越来越多、抱怨越来越多、住的条件肯定会很差，等等。文章没有华丽的文采，但句句都是学生们曾经的真实写照，没有高深的道理，也没有深奥的哲理，更没有旁征博引的渊博知识。有的只是大家的共同经历，自然让学生们听起来那么亲切、那么自然。

从平时积累的阅读中来

虽然我们说过在脱稿讲话没有话题的时候，可以从现场和共同的经历说起，但是这种做法并不适用于所有的场合。时代在更迭，社会在进步。当今世界上的任何事物都在变化着。每天我们一睁眼，国内外新事件、新问题、新矛盾不断涌现。我们也在吸收着包括书籍、报刊、网络、电视、广播等传递来的大量知识和信息，更应该学会去及时捕捉那些新知识、新信息，多讲点儿新话题，多说点儿新故事，不能开口闭口总是那几句话。只有这样，我们才能把脱稿讲话讲好。

下面是杭州电子科技大学校长薛安克在2013届本科生毕业典礼上的演讲，主题为“破解人生的迷惘，你需要的是思考”，这篇讲话是结合当时的就业形势而发表的一篇讲话，其观点新颖独特，有自己的看法和见解，演讲词如下：

我是77级大学生，当年，一张大学文凭就可以走遍天下。而今，你们却遭遇了史上最难就业年。挤在699万就业大军中，为生计、为理想苦苦寻求。此时此刻，我很想像杜甫那样，大声疾呼：安得岗位千万个，大庇你们俱欢颜！这样的现实带给我一个深深的思考，也带给中国大学一个深深的思考，更带给中国教育一个深深的思考。

所以，临别之际，我想和大家谈谈思考。也许同学们一听就笑了：思考谁不会？思考多累啊？思考又有什么用呢？

这个时代，似乎已经无须思考。内事不决百度一下，外事不解谷歌一番，我们已经习惯了寸步不离电脑，习惯了与手机耳鬓厮磨。网络覆盖世界，信息湮灭一切。

这个时代，似乎已经无暇思考。大家忙于玩人人、逛淘宝、织围脖、打网游。为应付各种考试要背的东西太多，南一门报亭边要收的快递太多，32号楼要约会的“甜素纯”太多。

这个时代，似乎已经无心思考。一部《泰囧》，国人盲目追捧；一曲骑马舞，竟然全球狂欢。微信、微博、微电影……微时代的到来，让我们的知识碎片化，需求感官化，审美娱乐化。

这个时代，似乎已经无法思考。现代人就像生活在高压锅里，面对高物价、高房价，直呼：压力山大！难怪近期有个统计，70%的人甘于把自己归为屌丝。屌丝还需要思考吗？！屌丝只需逆袭！

有人说：这是一个最好的时代，也是一个最坏的时代。我害怕，在这个时代，你们已经习惯了不思考，习惯了只活在当下；为生存而“蜗居”，因沉溺网络而“宅居”，或缺少真爱而“独居”，成为“无梦、无趣、无痛”的“橡皮人”。我更害怕，外在的生活会压倒内心的本性，大学培养的社会精英随波逐流，成为“精致的利己主义者”。灵魂逐渐消磨，思想日益枯竭。思考令人痛苦，甚至让人孤独，这就是所谓的“思考之痛”。但是，30 多年的社会阅历带给我的最大启迪是：人生走得越远越需要思考，社会环境越复杂越需要思考，世界变化越大越需要思考。一旦思考明白，你将会无比地轻松与快乐；一旦思考明白，你就有勇气和力量，去改变现状，去改变命运！

这篇演讲稿以当下最热门的话题“大学生就业难”为开头，进而层层深入，告诉大学生们面临当下的形势要学会思考，并且还用三个排比道出了大学生不喜欢思考的现象，如什么事情都询问百度、利用网络做一些娱乐活动、看电影只知道看喜剧、不懂得思考问题等，这些话都说到了大学生的心坎里。这都源于他平时的阅读，把自己所读到的新信息和脱稿的内容联系起来，自然呈现出精彩绝伦的演讲。

第四章

夯实“地基”，才能讲话“脱稿”不“托稿”

一场毫无准备的演讲很容易变成孤军奋战的不堪经历，结果往往徒劳无功。

第一节

4W 原则

明白什么场合

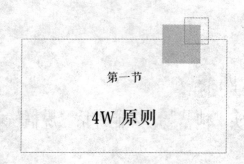

在组织思路的 4W 原则中，我们首先要弄清讲话场合。因为每个场合的性质不同，其讲话的内容也会不同。我们需要根据场合的性质，来准备脱稿讲话思路，这样才能在各种场合说好合适的话。在我们平时的生活中，常见的场合主要分为两种：一个是工作场合，另一个是社交场合。下面我们就来具体看看，在这两种场合上，我们应该怎么说。

在工作场合上，讲话者在脱稿汇报或者讲话的时候，表达上要做到话语简洁、重点突出、言简意赅。因为工作的时间是宝贵的，任务多，并且长篇大论的讲话也会让人身心疲惫，产生厌烦的心理，所以应简洁明了。在脱稿讲话的构思上你可以围绕“是什么、为什么、干什么、怎么干”来思考。比如说，在项目立项的会议上，你所申请的某个项目要想获得领导的批准，不妨这样构思：

首先，说明这个项目是什么。简要阐述一下这个项目的内容，对于某些新观点和信息要着重讲解，如果有些是专用术语，在场人听不懂的时候，可以用比较大众化的语言来解释，要确保你讲的东西能让在场每一个人都明白。

其次，告诉对方为什么要做这个项目。换句话说，就是做好这个项目有何意义。一般讲话者可以分三个层次来讲解，一是这个项目的宏观意义；二是这个项目的本身意义；三是反面意义，这个项目可以帮助解决哪些现实中的困难问题，尤其是当这些问题对社会有不良影响的时候，就能最直观地体现出这个项目的好处。

再次，讲话者要讲这个项目具体是做什么的。讲话者重点要讲出其核心内容，需要什么样的业务和配备什么样的技术。一个大项目必然是由几个小项目组成的，小项目分别是做什么的，在脱稿讲话准备思路的时候，要着重讲解。

最后，再具体讲一下怎么做这个项目。虽然讲话者不会具体到某一个细节，但也要把这个项目的工作思路讲出来，因为这是保证项目顺利实施的基础。

此外，在工作场合还要讲重点，把大家最关注的某一方面讲透彻。在脱稿讲的时候，思路要清晰，不要颠三倒四，可以试着分几个层次去说。

倘若是社交场合，讲话者要意识到出席这类场合的主要目的是为了拉近彼此之间的距离，广交朋友。一般来讲，在社交场合进行当众讲话，我们要依据场合的主题进行具体阐述，多说一些增进感情的话语，不仅能调节宴会的气氛，同时也能彰显自己的口才，可谓是一举两得。

但社交场合的种类比较多，比如说同学聚会、应酬宴会、乔迁之宴、生日寿宴等，讲话者需要根据场合来调整自己的讲话内容。具体来说：

1. 同学聚会。在即兴发言之前，我们要了解这种聚会的目的。同学聚会主要是联络和增进同学之间的感情，所以讲话者就要说出增

应酬宴会上如何说好祝酒词

1. 祝酒词要表达祝愿性。祝愿事情成功或祝愿美好。

2. 祝酒词不宜太长。言辞简洁而有吸引力。

另外，颂扬与祝贺要恰如其分。过分的赞美之辞会使对方感到不安，自己也难免谄媚之嫌。

进同学之间感情的话。比如说你在开场的问候之后，就可以举出具体的事例来回忆往昔岁月，使在场的每一个人都能产生情感的共鸣，不仅升华了主题，同时也调节了现场的气氛，增进感情。

2. 应酬宴会。不管是在家里的应酬宴会，还是在酒店里举办的宴会，都需要有人致辞进行当众讲话。而要想在宴会上营造一种活跃、热烈的气氛，就需要讲话者说出大家感兴趣的话题，使大家在觥筹交错间能够兴致盎然地畅谈。

除此之外，还要说好祝酒词。祝酒词一般是在全场第一杯酒的时候说的话。因此，讲话者要注意祝酒词要短小精悍，千万不能太长太绕口，否则就会扰乱别人的兴致，尴尬收场。

3. 乔迁之宴。在生活中，朋友或者是领导乔迁新居举办宴会，需要你前去祝贺，在讲话的时候主要表达祝贺之意。

4. 生日寿宴。在生日宴会场合的脱稿发言，主要是表达庆生之意，以美好的祝愿为主。如果是小孩的生日，要对小孩寄予希望和祝愿；如果是老人的生日宴会，主要以健康祝福为主。可见，生日宴会也要依据不同的对象进行合适的祝贺，这样才能把话说得恰到好处。

每个场合都有自己的设定，都需要讲话者根据实际情况来准备、组织思路，上述所说只是一个大致的思路，需要讲话者根据自己面对的场合，再去做具体分析，这样你准备出来的讲话思路，才会更加符合场合要求，也更容易打动听众。

清楚自己的角色

在脱稿讲话时，我们不但要明白讲话的场合，还需要清楚自己的角色。比如说，工作场合，你是领导、助理，还是客户？在社交场合，你是主人还是嘉宾？角色不一样，自然讲话的内容也不一样。每个角色都有其特定的讲话内容，明确了这一点，脱稿讲话的思路也就有方向可循了。

中国传记文学优秀作品奖每五年评选一届，是中国传记文学的最高荣誉。2013 年 6 月 15 日，第四届中国传记文学优秀作品奖颁奖典礼在北京举行，中国传记文学学会会长万伯翱先生首先在颁奖典礼上致辞。

大家好！

今天我们相聚在著名的北京京西宾馆举办“第四届中国传记文学优秀作品奖颁奖大会”，是为了彰显中国传记文学的精神和艺术价值。我首先代表中国传记文学学会和传记文学的同人向获得第四届中国优秀传记文学作品奖的作家表示热烈的祝贺！

……

党中央对繁荣和发展我国社会主义文学事业高度重视，殷切希望全国广大的作家和文学工作者高举中国特色社会主义伟大旗帜，努力创造出无愧于我们时代、无愧于我们人民、无愧于历史的优秀精神文化产品，这代表了时代的召唤，反映了人民的心声，我们一定将其认真努力地体现在传记文学创作实践中来。

中国是具有数千年传记文学悠久历史传统的文明文化古国，新中国成立以来，尤其是改革开放以来，传记文学取得了显著的发展和引人瞩目的成就，在广大人民群众中有着广泛的影响和日益增长的需要。中国传记文学优秀作品奖是为了表彰这些文学优秀作品，推动传记文学事业的繁荣和发展而设立的专项奖项，是由老一辈革命家、文学家刘白羽、林默涵等人首先发起设立的，迄今为止该奖项已于1995年、2001年、2007年先后在人民大会堂举办过三届，一批优秀的长篇和中短篇传记文学优秀作品都获得了奖项。

第四届中国传记文学学会优秀作品在评选过程中，评委会坚持以思想性与艺术性完美统一为评选原则，要求入选作品要有积极的思想意义，在艺术上要有所创新，同时兼顾题材、主题、风格的多样化，具有一定的代表性，力求体现近五年以来全国传记文学创作的新成果。在评选过程中，评委严肃评奖纪律，确保了评选工作的导向性、权威性与公开性、公正性。根据本届参评的传记文学翻译作品数量多的实际情况，第一次特别增设了传记文学翻译作品奖项。经过多轮的无记名投票，最终产生了12部获奖作品，其中长篇作品5部、中篇作品4部、短篇作品2篇，传记文学翻译作品1部，此外还有18部作品得到获奖提名。这些优秀作品基本上可以反映出中国传记文学创作的整体态势，比较全面地展现了传记文学创作的水平。我们的传记文学作家坚守内心的文学理想，勤奋笔耕，默默地奉献，书写出体现我们民族精神、时代精神的作品，真实感人、质地比较优秀的，大部分是歌颂中华优秀儿女作品。我们的获奖者赢了传记文学的荣光和人生的精彩，我们向他们表达由衷的敬意！

今天我们传记文学作家要认真思考，如何从事文学创作，以回应发展变化的时代，面对人生的诸多问题，这是对作家创作的勇气、智慧和毅力的极大考验，也为我们传记文学展现了广阔的创作新空间。我们认为获奖与不获奖不是唯一的、重要的，不是说我们获奖的作品就是完美无缺的极致的作品，而没有入选的就是差的和不好的作品，实际上没入选的仍有大量好的作品。

这里我引用莫言同志得了诺贝尔文学奖以后，首先对媒体宣布的获奖感言："我不是中国最优秀的作家。"在他得了奖回来以后有大量的赞美、吹捧，很多人管他叫作"大师"。他就很严肃、很认真地说："你不要这样叫，你叫我大师是讽刺。"我觉得莫言的这种态度非常好。现在大师的帽子也是满天飞，各种大师，文学的、散文的、戏剧的、国学的，大师这顶帽子不要轻易随便地乱戴。我们希望下一届将会创作更多紧扣时代脉搏，反映人民心声，艺术臻于完美的、大量的优秀传记文学作品来。

最后，我们特别感谢在百忙之中亲自到会颁奖的中国作家协会、中国文联的领导和获奖作者，对本届评奖工作的指导和支持，感谢诸位评委、作家和出版社的投入与参与，也感谢今天到场的媒体对我们的报道，还要感谢我们的赞助商对此次颁奖大会做出的贡献！

感谢各位热心人士和各界朋友，希望大家身体健康！谢谢大家！

获得第四届中国传记文学优秀作品奖的长篇作品是《从战争中走来——两代军人的对话》，作者张胜。我们来看一下张胜的获奖感言：

我没有准备。谢谢大家对我作品的认同！其实我是一个很业余的作家，昨天我跟杨正润同志还谈起过这件事，因为我有两个很好的机遇：

第一，我从 1990 年开始，我父亲退休以后，我跟他做了长达将近一年的对话，他把他参加革命以及到了老年他的人生经历、他的信仰，包括他的困惑都跟我谈了。我认为这就给了我一个丰富的创作资源，如果没有一个人跟你倾诉他的内心，你的创作将是无源之水，我觉得这是我的一个幸运。

第二，我在总参谋部、作战部、军训部工作过，长达 17 年……所以这就使我跟我父亲有一个沟通，我可以理解他视野中间的策划、想法以及困难。因为我们两个人的工作几乎是在同一个层面上，当然他是领导，我只是一个幕僚人员。所以有了这两点，我觉得可能是给了我一个机遇，所以我写了这部作品，它并不代表我的写作实力。我也通过这个机会谢谢大家对我作品的认同。

我就谈这些。

从上面两篇不同的讲话内容可知，万会长的讲话主要是从中国传记文学学会会长和颁奖嘉宾的身份来说的，讲话的内容是以感谢、祝贺为主，并且简要总结了此次优秀作品评选中的要求和获奖作品数量等。而张胜的感言是以获奖者的角色表示感谢，以及阐述自己有机会拿到奖的原因。正是由于两个人的角色和身份不同，因而讲话的内容也有很大的不同。可见，角色定位不同，在组织讲话时候的思路就会不同。只有清楚自己的身份，这样才是有目的的表达、有意义的说话。

每次出席不同场合进行脱稿讲话时，都要清楚自己的身份，扮演好自己的角色。人们常说见什么人说什么话，很多人会误认为这样的人太世故、太圆滑，其实不然。见什么人说什么话是要告诉我们摆正自己的身份，比如说在孩子面前要说大人话，在客户面前要说主人话，在领导面前要说职员话。总而言之，要时刻记住我们所说的话要符合自己的身份，这样讲话就不会凌驾于身份之上，按照自己的身份、角色去讲就不会犯错。

拟定提纲或讲稿

卡耐基说过："演讲者只有做了充分的准备，才有自信的资格。"的确，对于上台脱稿讲话的人来说，做好充足的准备是缓解紧张情绪的一剂良药。就像士兵上战场一样，如果事先没有仔细检查过装备武器，心里是不会踏实的。其实，方法有很多种，比较稳妥的方法是事先拟定好提纲和讲稿，我们才会理出正确的逻辑和思路，也不会在脱稿讲话的时候语无伦次。

制定或者拟定提纲，就是要我们在讲话之前做好充分准备，搭好"架子"。我们可以用提要或图表的方式列举出一篇讲稿的观点。对于材料进行适当的合理的组合，这样也有助于思路顺畅。拟定提纲的方法也是多种多样，没有统一固定的格式，我们既可以编写得粗一些，也可以编写得细一些，既可以编写成书面文字，也可以只在脑海里思考。

我们通过编列提纲，可以把"腹稿"的轮廓用文字固定、明确下来，以免写作或讲话时遗忘；同时，还可以对"腹稿"不断加以修改和补充，使整个讲话过程的构思更为周密、完善。倘若我们不列提纲，心中无数，动笔就写或动口就讲，那么，就有可能丢三落四、忘东忘西，层次不清，让脱稿讲话变得一塌糊涂。所以，拟定提纲就显得很重要。

实际上，拟定提纲的过程也就是对讲话内容具体构思的过程。要想把提纲拟定得更为具体，就需要把讲话题目、结构层次、论述要点、典型事例、引文材料以及有关资料都写在里面，这样的提纲才能更加翔实，才能让讲话的思路更加顺畅。

众所周知，老师讲课是要根据提纲来讲的，首先讲什么，其次讲什么，最后讲什么，有条有理，所以学生才能更好吸收。同样的道理，讲话者列提纲也是这样，在搜集好资料后，开始列提纲，那么具体来说，提纲包括哪些内容呢？可以将其归纳为五点：

第一，拟定好讲话的标题

每一篇讲话稿都只有一个题目，要想使你的标题脱颖而出，就需要你在拟定的时候，反复斟酌。如果是一些特殊的情况，需要正标题、副标题，你就需要根据具体的情况，一一列出来。

第二，编列讲话的中心论点和分论点

讲话往往不仅有中心论点，而且还有若干分论点，甚至分论点下面还有更小的论点。在编列提纲时，要把它们放到合适的位置，在什么样的情况要说什么话，逐条进行整理，这样中心论点和分论点都会清楚地呈现在你的眼前。你的讲话思路也会更加清晰。

第三，拟定好材料，把它们收集在一起

讲话所用的材料包括事实材料和事理材料。事实材料主要包括例证、数据和实物等；事理材料主要包括科学原理、科学定律、法律条文、有关文件规定以及名言、警句、谚语、成语等。这些材料，有的可以简明扼要地摘抄在提纲上；有的可以仅仅在提纲上做个标记而另外制作卡片；必要时，还可以编排绘制成不同的图表，这样，使用起来就可以得心应手，灵活方便。

第四，编列讲话的内在逻辑联系、讲话内容和讲话层次的先后顺序

有时候，一场讲话要涉及很多不同方面的内容，这就导致整篇讲稿显得头绪繁多，结构层次复杂，所以在编列提纲的时候，就要注意分清楚主次，以便根据不同内容的轻重缓急来决定它们的排列顺序，先讲哪些内容，后讲哪些内容，这里面有个内在的逻辑联系问题，不能随便颠倒。否则容易出现轻重倒置、前后脱节等问题。

第五，讲话的开头和结尾

讲话的开头和结尾对讲话能否获得成功影响极大。为此，编列讲话提纲时应该考虑清楚：到底采用什么样的方式开头和结尾，才能获得讲话的最佳效果？这两个部分的内容在通篇讲话中占的篇幅虽然不算太大，但其作用却忽视不得。

知道听众是谁

脱稿讲话前一定要认真了解你的听众构成，知道听众都是谁，将会有哪些人群听你的讲话，包括他们来自哪些阶层、文化范围、感知程度等，特别应分析听众对本次讲话的兴趣是什么，有些场合还要注意禁忌，以利于你找准讲话主题，或为主题提供听众感兴趣的辅助内容。

在脱稿讲话的时候，我们知道了听众是谁，才能够对症下药，正如中医讲究“望闻问切”，根据一个人的病理特征才能药到病除。我们也可以根据听众的情况，进行针对性的讲话，这样我们就能充分地做好脱稿的组织思路，让我们的讲话更加精彩。

通常来说，讲话者对听众了解越多，就会越利于讲话的进行。具体来说，了解听众可以从以下几个方面来进行：

1. 年龄阶段。听众的年龄和他们的阅历、理解程度、词汇量多少是息息相关的。换句话说，不同年龄段的人，通常来讲他们掌握的词汇和知识会有很大的不同。比如说，对于二十多岁的听众来说，你和他们讲以前的生活怎么样、怎么艰苦，他们很难有直观的认识，因为他们不曾生活在那段时期，所以也许不会理解你的心情。因此，讲话者在讲话时需要根据年龄状况，讲出适合听众的话。

2. 教育程度。一个研究生和一个初中生的理解能力自然是差别很大的，他们的知识宽度也是截然不同的，因为他们在不同的教育层面上。比如说在你谈到“就业难”这个问题上，对于现实的理解，自然研究生会更胜一筹。他们会非常理解你所讲的内容，并且还会与你进行适当的互动。但是对于初中生来说，这个问题，似乎离他们还很遥远，并且他们也体会不了你当时的心情和所讲的内容，因为他们没有经历，更没有触及这方面的事情，只是在校园里好好学习。所以，讲话者在讲话之前一定要事先了解听众的受教育程度，以便对自己的

听众不同语速不同

演讲的进行要灵活控制，有快有慢。可根据听众的不同年龄采取不同的语速。

快

一些年轻的听众，精力充沛，反应灵敏，他们的思维和举止都很敏捷，面对他们时，演讲的语速可快一点。

慢

对小朋友、老人演讲，因为他们接受迟缓，反应较慢，可把音节拉长，语流中间停顿可久点，停顿的次数可多些。

总之，在演讲的时候语速要根据当时情况不断调整，争取让每位听众都听清，又不让人听烦！

讲话进行内容深度和知识宽度的丈量，这样一来，自己讲话的内容，包括主题和词汇才能够被台下的听众所接受，同时也有助于双方进行流畅的交流和互动。

3. 个人信仰。从心理学上来讲，听众的信仰要比他们的年龄和受教育程度重要得多。原因很简单，信仰和一个人内心的世界有着很大的关联。最好对台下观众的信仰做好事先的调查，以免出现不必要的尴尬，给脱稿讲话带来麻烦。

4. 性别特征。自古以来都说“男女有别”，正因为如此，不同性别听众对于讲话者讲话内容关注的部分也不尽相同。当你知道听众多是男性的时候，你就要多讲一些军事、政治、房产、汽车等男人们感兴趣的话题；当你知道听众多是女性的时候，就要多谈及时尚、情感、化妆、购物等女性感兴趣的话题。

千万不要交叉着讲，在女人面前讲男人的话题，在男人面前讲女人的话题，否则，很可能让听众失去听的兴趣。在讲话方式上，对男人要采取刚毅直接的方式，对女人最好采取温婉可亲的讲话方式。

正所谓“磨刀不误砍柴工”，对于听众的了解就恰如“砍柴”前的“磨刀”，这是一个必要的铺垫过程，对于听众了解得越详细，越能参透他们内心的需求。反之，一场对于听众一无所知的演讲很容易变成孤军奋战的不堪经历，其结果往往是徒劳无功。

第二节

做到不读稿也不背稿

通读记忆与讲出来的记忆

在脱稿讲话的时候，我们经常会发现这样的情形：精心准备的讲话要是逐字逐句地背诵，面对听众时很容易遗忘，即使没忘，讲起来也会显得机械生硬。这是因为它不是讲话者发自内心的言辞，而只是在应付记忆。

为了能够流利顺畅而又充满激情地进行脱稿讲话，我们首先要放弃背稿的念头，然后静下心来好好地读已经打好的讲稿，并且不要强制自己去背，只需把主要的意思和框架熟记在心中。

其实，在准备讲话的过程中，最好将自己的生活和经历融入讲话的内容之中。在自己的生活背景中，搜寻有意义、有人生内涵的经验，然后，把从这些经验中汲取的思想、概念等汇集在一起，并据此深思题目，让讲话的内容更为丰富和生动。因为都是你的生活经验，并不需要背诵，就可以记住。

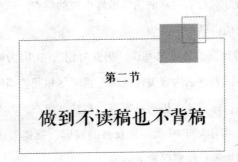

同样一个人，同样的内容，莫言“讲”的和他准备“读”的稿子差别也很大。在准备的时候，他是这样写的：

我，一个来自遥远的中国山东高密东北乡的农民的儿子，站在这个举世瞩目的殿堂上，领取了诺贝尔文学奖，这很像一个童话，但却是不容置疑的现实。

获奖后一个多月的经历，使我认识到了诺贝尔文学奖巨大的影响和不可撼动的尊严。我一直在冷眼旁观着这段时间里发生的一切，这是千载难逢的认识人世的机会，更是一个认清自我的机会。

我深知世界上有许多作家有资格甚至比我更有资格获得这个奖项。

我相信，只要他们坚持写下去，只要他们相信文学是人的光荣也是上帝赋予人的权利，那么，“他必将华冠加在你头上，把荣冕交给你”。

我深知，文学对世界上的政治纷争、经济危机影响甚微，但文学对人的影响却是源远流长。有文学时也许我们认识不到它的重要，但如果没有文学，人的生活便会粗鄙野蛮。因此，我为自己的职业感到光荣也感到沉重。

借此机会，我要向坚定地坚持自己信念的瑞典文学院院士们表示崇高的敬意，我相信，除了文学，没有任何能够打动你们的理由。

我还要向翻译我作品的各国翻译家表示崇高的敬意，没有你们，世界文学这个概念就不能成立。你们的工作，是人类彼此了解、互相尊重的桥梁。当然，在这样的时刻，我不会忘记我的家人、朋友对我的支持和帮助，他们的智慧和友谊在我的作品里闪耀光芒。

最后，我要特别地感谢我的故乡中国山东高密的父老乡亲，我过去是，现在是，将来也是你们中的一员；我还要特别地感谢那片生我养我的厚重大地，俗话说："一方水土养一方人"，我便是这片水土养育出来的一个说书人，我的一切工作，都是为了报答你的恩情。

谢谢大家！

而实际莫言在颁奖晚会上的即兴演讲词是这样讲的：

尊敬的国王、王后和王室成员，女士们、先生们：

我的讲稿忘在旅馆了，但是我记在脑子里了。

我获奖以来发生了很多有趣的事情，由此也可以见证到，诺贝尔奖确实是一个影响巨大的奖项，它在全世界的地位无法动摇。我是一个来自中国山东高密东北乡的一个农民的儿子，能在这样一个殿堂中领取这样一个巨大的奖项，很像一个童话，但它毫无疑问是一个事实。我想借这个机会，向诺奖基金会，向支持了诺贝尔奖的瑞典人民，表示崇高的敬意。要向瑞典皇家学院坚守自己信念的院士表示崇高的敬意和真挚的感谢。

我还要感谢那些把我的作品翻译成了世界很多语言的翻译家们。没有他们的创造性的劳动，文学只是各种语言的文学。正是因为有了他们的劳动，文学才可以变为世界的文学。

当然，我还要感谢我的亲人，我的朋友们。他们的友谊，他们的智慧，都在我的作品里闪耀光芒。

文学和科学相比较，的确是没有什么用处。但是文学的最大的用处，也许就是它没有用处。

谢谢大家！

两种致辞结构和内容基本一致，都谈到了获奖的感悟、对文学的认识和对瑞典文学院、翻译者及故土家园的感恩之情。但明显看出来，脱稿发言简短、朴实，没有任何的繁文缛节，进而给观众留下了深刻的印象。

将文字实体化，形象记忆法

很多人在脱稿讲话时，犯愁怎样去记稿子，特别是对于那些复杂或者是不熟知的稿子，总是觉得记起来特别费劲，在讲话时很容易出现忘词的现象。所以，我们就需要采取一些技巧和方法来帮助我们增强记忆。

众所周知，抽象的事物只有转化为具体熟知的事物才能被人们记住，所以我们可以用形象记忆法来帮助自己强化记忆。换句话说，我们可以采用具体事物来帮助自己记忆。研究结果表明，在人脑的记忆中，形象信息远远多于语言信息，它们的比例是 1000 ∶ 1，足以证明形象信息是打开记忆大门的钥匙。因此，我们要学会运用这样的方法来帮助我们记稿子，不但会让我们记起来更有趣，同时也避免忘词现象的发生。

形象记忆法大都是通过谐音来产生联想或者通过派生形象等增强记忆的方法产生效果。因此，首先我们要对“谐音”有个清楚的认识和了解：在我国传统文化中，“鱼”可以象征“余”，如“年年有余”。“鸡”变“吉”，“荷”变“和”“合”等，这是一种文字谐音方法。还有数字的谐音，比如说一个人的车牌号码是“1818”，大家一定知道这是“要发要发”，这就是谐音更意（谐音所表达的另一种意思）。而数字谐音目的是为了把无意义的数字变成有意义的文字来记，文字谐音是为方便自己记忆另起“更有趣的炉灶”，文字记忆有无必要“再转个弯子”谐音去记忆？我们先举个例子：在美术色彩协调中有一种机械方法，以绿色为主时，可配白、蓝、黑、橙、黄、棕六种颜色。用谐音去记忆则：路白难黑成棕黄。注意用“路”的形象去想。如此一编马上就记住了！以此为参考，我们就可以采用谐音联想法来帮我们快速地熟记稿子。

在脱稿讲话上，倘若采用死记硬背机械记忆，效果如何想必大家心里清楚。谐音法比较适合记无意义的难记而又琐碎的事情，琐碎的事情常常是“散意”“无意”的，有了谐音形象记忆法，我们就可以利用它给这些难记知识赋予新的意义和生动形象的意义。

熟记提纲

提纲是整个脱稿讲话的总体思路和框架。脱稿讲话时，只有按照既定的提纲，围绕设定好的讲话结构，才能进行充分的发挥，讲话思路才不会被打断和阻隔。所以，熟记提纲对于脱稿讲话就显得尤为重要。倘若你不熟悉自己的讲稿提纲，你的紧张感就会逐渐增强，自信心会明显不足，很可能会给讲话带来负面的影响。

美国前总统奥巴马在谈到自己讲话时说：“最后一个提纲列好之后，把初稿写下来，或者口述下来。在删改打好的讲稿上，不要加工得太细，因为那样会把口语的语气和节奏弄没了。若想脱稿讲话，就要熟记提纲，把提纲念上几遍，把关键的句子记下来。如果不把提纲记得很熟，那就有可能失去思维的连贯性，从而也就会失去听众。”的确，只有熟记提纲，才能确保脱稿讲话流畅的思维，才能创造精彩绝伦的演讲。

那么，具体来说我们怎样才能熟记演讲提纲呢？一般来说分为以下几个步骤：

第一步是识读，即阅读。讲话者只需要大体了解整体与细节，对稿子有个概观和微观，把握题旨，掌握例证阐述的环节，包括引述的事实、名人名言等，其中最有说服力的是准确无误的数字。对于这些要做到反复阅读，并且要快速地记在脑子里。

第二步是诵读。朱熹说：“凡读书……须要读得字字响亮，不可误一字，不可少一字，不可多一字，不可倒一字，不可牵强暗记，只是要多诵数遍，自然上口，久远不忘。”的确，唯有如此，脱稿之类的当众讲话才能有理有据、有情有感、有声有色。而诵读对于增强记忆十分重要，这对于熟记提纲有着十分重要的作用。

此外，在大声诵读的时候，我们还要联系当时可能发生的情况，或者会用哪些表情、动作，争取做到在熟记提纲的同时，也能尽早让自己适应角色。

第三步是情读。情读就是要在充分理解演讲稿的基础上，用适度真实的情感来表达自己的观点。在熟记提纲时，切忌过多地投入感情。不要因为自己理解和熟记了提纲就胡乱地抒发情感。

综上所述，熟记提纲，一要用眼睛——识读，二要使口舌——诵读，三要动心思——情读。只有整体的、综合的、全方位的记忆，即“立体记忆”，才能深入人脑，打动人。

这里要提醒大家的是，提纲只是一个大致的思路，至于里面具体需要怎么讲，是要在现场即兴发挥的，因为即兴的语言才会有生命力和感染力，所以，在记提纲的时候，只需要把大致要讲的内容、思路和框架记下来就可以了，并且一定要做到熟记。

反复预讲

如果你已经写好了脱稿讲话的讲稿，为了让自己不读稿也不背稿，这就需要你在正式讲话之前进行反复预讲。俗话说：“台上一分钟，台下十年功。”虽不需要十年那么夸张，但也需要我们不断地训练自己以适应不同环境、不同时段的脱稿讲话。比如说，你可以站在镜子前面练习，或者将演讲录下来，或者在几个朋友面前预讲，等等。反复预讲可以帮助我们减缓紧张不安的心理，提升讲话的效果。

反复预讲是做好脱稿讲话一个重要的步骤，也是脱稿讲话准备工作一个重要的环节。古今中外的演说家都很重视在正式讲话之前的预讲。古希腊演说家德摩斯梯尼把自己关在地下室书房长达三个月，专门在书房里练习演讲，学习演讲的技巧。为了让自己下定决心，他发誓只要自己达不到目的，就绝不让自己走出书房一步，甚至他还剃掉自己的头发。等到头发重新长出来，德摩斯梯尼也终于走出地下室，成了一个造诣颇深的脱稿演讲家。

不仅德摩斯梯尼如此，曾任微软全球副总裁的李开复也非常重视在演讲之前的预讲。每当在演讲之前，他都会事先做好预讲，每次都要请1个朋友去旁听，之后给他提出意见。他曾对自己承诺，不事先排练3次，是决不上台演讲的。在一个月的行程之内，都会安排两场演讲，在每次演讲之前都要排练三遍，专门找一个人听，这也就是所说的“231工程”。所以，为了让脱稿讲话更成功，我们需要进行反复地预讲，那么在预讲的时候，需要注意哪些方面呢？

1. 排练时要注意时间控制

在预讲的时候，要做好时间的把握，因为有些脱稿发言是有时间限制的。太长的发言易让听众厌烦；太短的发言则可能会被认为是在敷衍了事。所以，在预讲时，要用手表为自己计算好时间，如果时间太长，就需要缩减讲话内容，如果时间太短，就需要对内容进行丰富。经过了预讲，可以对自己的讲话时间做到心中有数，避免各种情况的发生。

2. 预讲时要使用正式讲话的全部材料

在预讲的时候，要做到全真模拟。如果你在预讲的时候，有的材料你讲到了，有的材料你觉得很简单不用讲，那么，在真正地脱稿讲话时就容易出现问题。比如说，在预讲的时候，本来为了说明事实要举出一个例子，可是你自认为太简单了没必要，在几次预讲的时候都没有讲到这个，那么在正式脱稿的时候，由于一些惯性，也不会有意识地提到，并且还会因为感觉自己落下了一些东西而感到别扭，越想却越想不起来，这就造成思维的断档。所以，在预讲的时候，要做到全部排练，最好是全真模拟，只有这样才能在真正脱稿讲话时万无一失。

3. 做好最后一次排练

即使你以前反复预讲了很多次，但是在正式讲话之前还要再排练一次。如果正式讲话是早上九点开始，那么你需要在早上六点钟起来预讲一下，这样在台上你对稿子就会像对密友一样熟悉。

也许上述的注意事项，你会觉得很麻烦，很没有必要，但无数事实证明，每个成功的演说家都是这么走过来的。戴尔·卡耐基在总结成功的演讲经验时说过："一切成功的演讲，都是来自充分的准备。"的确，预讲也是准备工作之一，而且是非常重要的环节，只有把这部分做好，我们才能在正式的脱稿讲话中自然而流利地展现自己的风采。

第五章

用脑说话，别让舌头越过思想

用心讲话，动心思，讲真话，独具匠心，打动人心，这是即兴讲话的最佳境界。

第一节

即兴发言的原则

可以即兴，不能随性

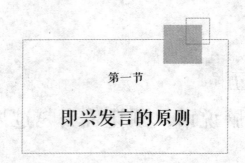

脱稿讲话有两种：一种是事先写好讲稿，另一种是即兴讲话。对于即兴讲话，很多人都容易越说越跑题，甚至有时都不知道自己在讲什么，这就是我们通常所说的信口开河。要知道，脱稿讲话可以即兴，但是不能随性地乱说。因此，在即兴发言的时候，一定要控制好自己所说的话，不能任由自己的思绪乱跑，这样才能有效地避免自己跑题或者是偏题。

在实际的讲话中，我们需要注意哪些方面来避免随性乱说呢？以下几点仅供参考和借鉴：

1. 简明扼要，不要废话连篇

即兴发言通常以简明扼要的语言来彰显其力度，以生动活泼的叙述给听众留下深刻的印象。不过简明扼要并不是说话语空洞无物，恰恰相反，即兴发言要求话语信息密度大，要言之有物。而只有做到思想性、知识性与趣味性三者统一，才能够吸引听众。要知道，言简意赅的讲话，往往能使人受到启发、令人肃然起敬。美国前总统林肯有一次讲话，只讲了2分钟，却赢得了长达10分钟之久的热烈掌声。而现实生活中，一些人即兴发言的时候，废话太多，这不但浪费了自己的时间，而且也浪费了别人的时间。所以，我们在即兴发言的时候要注意言简意赅、准确传神。

2. 用心讲话，不要流于形式

常言道："语为情动，言为心声。"以情感人，更能达到讲话的效果。然而，还有不少人在即兴发言时，说一些空话和套话，很少讲出自己的观点，更别说其中带着一些情感。这样空洞的讲话必然让听众感到乏味，导致听者出现瞌睡的现象。

有句谚语说："愚蠢的人用嘴讲话，聪明的人用脑讲话，智慧的人用心讲话。"即兴讲话就是最能体现智慧的表达方式，因为它的原则就是要用心讲话，不能流于形式。马克思曾经说过："语言是思想的直接外衣。"用心讲话，动心思，讲真话，独具匠心，打动人心，这是即兴讲话的最佳境界。

其实，即兴讲话最重要的是中肯实在，能够让听众感同身受，句句说到听众的心里，自然会得到更多听众的赞赏。

3. 迅速地奔向主题

很多人在即兴发言的时候，喜欢绕来绕去，旁敲侧击，就是不讲主题，让听众云里雾里，不知所云。这样的随性一定不能任其发展下去，如此的发挥并没有引出主题，反而是得到相反的效果，只会遭到听众的讨厌。要知道，一个成功的即兴讲话者能够直接奔向主题，让听众能迅速地了解他们的意思。

4. 端正态度，尊重听众

有一些人因为自己的身份和地位，在即兴发言的时候很随性，想说什么就说什么，也不考虑听众的感受，即使听众因为他们的讲话而受伤，他们也不在乎。其实，这样的随性是不正确的，你不尊重听众，听众也不会尊重你，你的即兴发言自然不会得到听众的认可。所以，不管你是什么身份的人，处于什么地位，都应该端正自己的态度，尊重在场的每一位听众，只有赢得他们的掌声，才能说明你的演讲是成功的。

5. 条理清晰的顺序

有些人即兴发言之所以随性地说，是因为他们没有清晰的条理。所以，为了控制混乱随性的表达，我们需要在即兴演讲之前厘清自己的思路，脑中的思路清晰了，说起来就不会那么随性了。

得体表达的方法

脱稿讲话是一门语言的艺术，脱稿讲话语言运用的过程是一种美的创造过程，成功的脱稿讲话必备的一个条件便是得体的表达。即兴发言时，有些人在台上以很高的姿态来对待听众，语气狂妄，目中无人，甚至会出现一些不文明的语言，给听众留下狂妄自大的坏印象，当然对其讲话内容也会产生厌烦的情绪。成功的讲话者善于使用得体的表达，尊重每一位听众，因此他们的讲话才会受到欢迎。

说话要得体，可以说是口语交际的一项基本原则。要想成功地

称呼时要注意的事项

需要我们注意的是，在称呼的时候一定要注意一些问题：

这个穿蓝色衣服的先生，请说一下你的想法。

1. 不可随意用替代性称呼。比如在讲话的过程中有听众提问，我们请他回答时就不可以说“后排的”“边上的”等替代性称呼。

……对于小李的发言……

2. 不要使用容易引起误会的称呼。比如“小”这个词语有时候有可爱之意，但有时候带有轻蔑、取笑的意味。

各位来宾，以及今天的特别嘉宾——人大的李××同志、海淀区委的黄××同志，你们好！

3. 大家不熟悉的场合，简称不可以在第一次称呼时出现。

完成自己的即兴发言，就需要我们在表达上下功夫。只有得体地表达，我们才能赢得听众的掌声。

1. 得体的称呼

即兴发言时，在用语上一定要注意礼貌。

首先，称呼要全面。称呼要包括在座的每一位听众。如果情况允许的话，称呼最好细化，适当带上形容词，尤其是对一些重要的人，在提及他们名字的时候更要注意得体的称呼。

在脱稿讲话中，我们要根据情况与场合，可以称呼对方的职务，比如校长、局长、经理、董事长等；也可以称呼对方的职称，比如工程师、教授等；也可以称呼对方所属的行业，比如解放军、警察同志等。比如说“尊敬的杨校长、李校长，亲爱的老师、同学们，大家好！”“连续奋战了三天三夜的李院长、黄医生、邓医生，以及战斗在一线的所有白衣天使们，大家好！”“精神头十足的、与我同为‘80后’的彭清一老师、李燕杰老师，你们好！”当然，有些场合重要人物比较多，时间不允许一一说到，那么我们可以直接说“最热爱学习的伙伴们”“大家”“各位朋友”“各位领导”“女士们、先生们”等。

其次，称呼要有顺序。依据通常习惯，应该按先长后幼、先上后下、先重后轻、先女后男、先疏后亲、先宾后主的次序来进行称呼。

2. 使用文明语言，不说脏话

很多人在发言的时候，因为某些原因，情绪非常激动，所以不分场合地破口大骂，试图发泄自己的情绪。他们认为，听众也会和他们一样，一定会理解自己的行为。但是，听众最讨厌和反感这样的行为。所以，我们在即兴发言的时候，一定不要使用这种语言，即使你情绪再激动也要注意场合。

总而言之，得体的表达方式是讲话成功的一个保障，也能体现出讲话人的修养和素质，是赢得听众好感的一个重要因素。它无关身份地位，只要是站在人们面前发言，就必须注意表达是否得体，否则只会让讲话以失败收场。

3. 声音要洪亮，举止要适当

讲话者洪亮的声音反映其朝气、信心和魄力，有一种无形的感染力。还应当注意举止要适当，比如，不能过分地指手画脚，不应叼着烟斗讲话；动作也要注意，应尽量避免一些小动作，如不时地推推眼镜，把眼镜拿下来擦一擦，挠挠头，抖抖腿等。这些事情虽然很小，但却会分散听众的注意，影响讲话者的形象。

语言精练，达意为上

在即兴讲话时，要在短短几分钟讲话中给听众留下深刻的印象，需要做到语言要简洁，不能说废话、空话、套话，不能冗长啰唆。同时使用的句子不能过长，修饰语不应该太多。如果在句子中修饰语用得过多，就会使句子变得冗长累赘，给听众造成严重的负担。

现实生活中往往会存在这样的误解：说得越多表明自己的口才越好。其实不然，话不是越多越精彩，而是要把观点说清楚，一般越长的讲话越容易把关键点埋没，也不容易吸引听众的注意力。

要使即兴演讲的语言简洁，不是简单地把话语转换成短的句子，而是要说少而有力的话，锤炼词句。我们要尽量地杜绝一切空话和废话，力求含而不露，留有余地，达到言简意赅。

1936 年 10 月 19 日，在上海各界公祭鲁迅先生大会上，我国著名新闻记者、政治家、出版家邹韬奋先生发表了这样的演讲："今天天色不早，我愿用一句话来纪念先生：许多人是不战而屈，鲁迅先生是战而不屈。"仅仅一句话却表达出丰富的含义，既有对当时"不战而屈"的投降派的谴责，又有对鲁迅先生勇敢战斗、决不屈服的可贵品质的赞颂，而且还激发了人们奋起抗争的勇气，鼓舞人们要以鲁迅先生为榜样，挺身而出，战斗不止。

显然，言简意赅的言语在关键时刻会给听众爽快的感觉，也会更有感染力，给听众留下深刻的印象。正如莎士比亚所说："简洁是智慧的灵魂，冗长是肤浅的藻饰。"

要知道，脱稿讲话的目的是为了向他人传达一种思想，语言只是思想的一种表现形式，有思想的表达才有意义。在讲话中，我们只有把思想的"碎片"，逐渐地提炼和凝结成一句简洁醒目的话，这样才能让听众把握和感知你的思想。

语言贵精不贵多，在讲话时要抛开转弯抹角和旁枝末节，尽量做到一语中的，直击人心，如此一来，自然会得到听众的拍手称赞。所以，为了以后在脱稿讲话中的语言更简练，我们要尽量长话短说。

长话短说是要用简短的话语传达给听众，但前提是要准确、有效地表达自己的意思。也就是要在语义完整的前提下，用精练的语言展示给听众，这样既体现了自己干练的做事风格，同时也展示了自己良好的口才。所以，我们要抛弃那些啰里啰唆的语言，用简洁有力的话语来打动听众的心，这样的讲话才不会引起听众的反感，也才能更容易达到讲话目的。

逻辑严密，环环相扣

我们在讲话时要有缜密的逻辑思维能力，能使正面的、反面的论证形成一个整体，并且层次鲜明、条理清楚。例如，梁启超曾对人生与事业的关系做过一次名为《敬业与乐业》的讲话。截取部分内容如下：

我这题目，是把《礼记》里头“敬业乐群”和《老子》里头“安其居，乐其业”那两句话，断章取义造出来的。我所说的是否与《礼记》《老子》原意相合，不必深求；但我确信“敬业乐业”四个字，是人类生活的不二法门。

本题主眼，自然是在“敬”字、“乐”字。但必先有业，才有可敬、可乐的主体，理至易明。所以在讲演正文以前，先要说说有业之必要。

孔子说：“饱食终日，无所用心，难矣哉！”又说：“群居终日，言不及义，好行小慧，难矣哉！”孔子是一位教育大家，他心目中没有什么人不可教诲，独独对于这两种人便摇头叹气说道：“难！难！”可见人生一切毛病都有药可医，唯有无业游民，虽大圣人碰着他，也没有办法。

唐朝有一位名僧百丈禅师，他常常用两句格言教训弟子，说道：

“一日不做事，一日不吃饭。”他每日除上堂说法之外，还要自己扫地、擦桌子、洗衣服，直到八十岁，日日如此。有一回，他的门生想替他服务，把他本日应做的工悄悄地都做了，这位言行相顾的老禅师，老实不客气，那一天便绝对地不肯吃饭。

……

第一要敬业。“敬”字为古圣贤教人做人最简易、直接的法门，可惜被后来有些人说得太精微，倒变了不适实用了。唯有朱子解得最好，他说：“主一无适便是敬。”用现在的话讲，凡做一件事，便忠于一件事，将全副精力集中到这事上头，一点不旁骛，便是敬。

……

第二要乐业。“做工好苦呀！”这种叹气的声音，无论何人都会常在口边流露出来。但我要问他：“做工苦，难道不做工就不苦吗？”今日大热天气，我在这里喊破喉咙来讲，诸君扯直耳朵来听，有些人看着我们好苦；反过来，倘若我们去赌钱去吃酒，还不是一样在耗神、费力？难道又不苦？须知苦乐全在主观的心，不在客观的事。

……

我生平最受用的有两句话：一是“责任心”，二是“趣味”。我自己常常力求这两句话之实现与调和，又常常把这两句话向我的朋友强聒不舍。今天所讲，敬业即是责任心，乐业即是趣味。我深信人类合理的生活应该如此，我望诸君和我一同受用！

这次讲话内容可谓是逻辑严密，条理清晰，论证说理，环环相扣。开头提出论题，中间内容分成两部分，分别论述敬业和乐业的重要，结尾总结全篇。主体部分论述时，用次序语“第一”“第二”，更加清楚地显示出讲话的层次。同时列举了多重论据证明自己的观点，其中梁先生根据自己的亲身经验，指出“责任心”和“趣味”跟“敬业”与“乐业”的关系最为密切：“责任心”就是“敬业”，“趣味”就是“乐业”。他认为做事必须具备责任心和善于“从职业中领略出趣味”。另外还引用名言警句，如儒家的《礼记》《论语》，道家的《老子》《庄子》，佛家的百丈禅师等。

可见，讲话的逻辑严密能增强语言的表现力。而且，严密的逻辑不仅有助于讲话者表达思想，论证观点，还可以提高讲话者识别和反驳谬论的能力，诡辩者总是故意违反逻辑规则，用貌似正确实则存在逻辑漏洞的推论进行辩护，如果缺乏逻辑能力，就很容易上当；如果懂得逻辑规律，就能迅速发现诡辩者的花招，从而在讲话中有力地进行揭露和反驳。

此外，语言是思维的产物，是思维成果的体现形式，语言能将抽象的思维灵活地表达出来，使用语言的过程实际上就是变信息为思想、变思想为语言的转换过程。可以说，掌握语言，实际上就是最早的思维和思维方式的训练。而使用语言表达思维也总离不开运用概念、判断、推理，这几个环节也就是形成逻辑的过程。概念、判断、推理要靠词、句、句群和简章来表达，所谓语言准确，实际上就是做到概念明确、判断恰当，推理合乎逻辑。优美的讲话语言总是包含着无懈可击的逻辑性。所以，讲话者掌握逻辑知识，做到逻辑严密，环环相扣，有助于准确地表达思想，增强语言的表现力。

第二节

即兴讲话要结合实际

提升说服力的方法

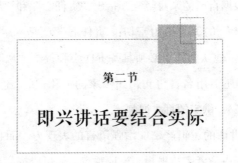

为什么有些讲话者所讲的观点很容易就被听众接受，而有些讲话者所说的话让听众觉得没有可信度呢？一个讲话者如何能够说服听众来支持一项事业、一项运动或一个候选人？这就需要讲话者来提升自己的说服力，只有这样才能更容易让听众听懂我们的话，并接受我们的观点。那么，如何提升说服力呢？以下提供几种方法供大家参考：

1. 提出统计数字

说服别人，就需要证据，而证据有好多种，其中一种有力的证据，就是统计数字。一个统计数字有时胜过千言万语。举个最简单的例子，当我们要倡导大家珍惜水资源，如果只是一直强调“要节约用水，珍惜水资源”，不会给人留下深刻印象。但是，如果我们换一种说法，提出一些具体的数字，比如这样说：“地球表面虽然 2/3 为水覆盖，但是97%为无法饮用的海水，只有不到3%为淡水，但其中2%封存于极地冰川之中。在仅有的1%淡水中，25%为工业用水，70%为农业用水，只有5%可供饮用和其他生活用途。目前世界上100多个国家和地区缺水，其中28个国家被列为严重缺水的国家和地区。据统计我国北方缺水区总面积达58万平方公里，我国500多个城市中有300多座城市缺水，每年缺水量达58亿立方米。由于人类的破坏使得地球水资源有限，不少大河如美国的科罗拉多河、中国的黄河都已雄风不再，昔日'奔流到海不复回'的壮丽景象已成为历史的记忆了。"显然，直观的数字更能让听众重视自己的观点，以此来吸引他们的注意力。

但是在说具体数字的时候，也要适当地运用生动的语言。比如卡耐基说："在每100个接通的电话当中，有7个是超过了一分钟才来应话。这表示，每天约有28万分钟就这么浪费了，这样过了六个月，纽约因为迟接电话所浪费的时间，几乎是自哥伦布发现新大陆以来所有的工作天。"通过生动的语言来说明消耗和浪费时间，让人们更愿意接受，自然也会让人们信服。

2. 流畅、坚定地表达自己

大量事实证明，讲话者的表达方式会对讲话的效果产生重大的影响。比如说讲话略快、声音抑扬顿挫、语气坚定有力的讲话者，通常很容易被人们信服，因为他给人们展现的是自信、活力、激情。而在讲话中犹豫不决，时断时续，还经常出现"啊，哦，嗯"之类的词，会给听众一种不自信的感觉，听众会认为："既然你对自己说出的话都不自信，为什么我要相信你说的话呢？"所以，在脱稿讲话时，我们要让自己表现得坦然自若，胸有成竹，并使用流畅的语言，坚定的语气。这有助于提升自己的说服力，获得听众的信赖。

3. 利用论证材料

在讲话时，如果空谈一些道理，说一些理论和观点是不足以让听众信服的，如果加入一些论证材料，如事例、统计数据、证明材料等，说服力自然会提升很多。

比如，在谈到关于手机辐射的问题时，可以说“很多中国人都受到了手机辐射的污染”。但如果我们运用一些论证材料来支持观点会更好。“据信息产业部2006年10月底发布的消息，中国手机用户量已经超过3.2亿，这就意味着有3.2亿中国人都受到了手机辐射的污染”。讲话者运用了数据来证明自己的观点，就大大增强了可信度。

因此，我们要学会在讲话中适当地运用一些论证材料，来论证自己的观点，才能让讲话真实可信。

4. 合理推理

推理在生活中无处不在，但只有合理的推理才能使人们信服。在进行脱稿讲话时，或许需要由一个故事逐步地推出所要表达的结论，在推理的过程中，需要依据客观规律或者是常理进行推导，进而自然地得出与主题相关的结论，听众自然会接受。但如果只是强制地、歪曲地、牵强地引入结论，势必会让听众心生质疑，甚至会产生反感。

因此，我们在讲话时要时刻地提醒自己，只有正确合理的推理，才能让听众信服。若是你不知道自己的推理是否可行，可以找一些朋友或者专业人士来帮忙，让他们给你提出一些切实可行的建议。

提高口语能力

即兴讲话最能体现一个人的口语表达水平。即兴讲话与口语表达能力是密不可分的，要想成为即兴讲话的高手，就必须提高自己的口语能力。

1. 多问

即兴讲话是一门学问，也是一门艺术。但是生活中很多人都会存在这样的误解，觉得说话是天生的，就不在意也不上心，更谈不上用心去求教、去学习。有的人虽然觉得说话、演讲有东西可学，但又只限于看看书或听听录音，而不好意思开口向别人请教，结果只是事倍功半。

柏拉图说过："不知道自己的无知，乃是双倍的无知。"我国古代教育家孔子也说过："知之为知之，不知为不知，是知也。"一个人要想提高自己的口语能力，就必须放下架子，向有经验的演讲者和对口才有研究的专家虚心求教，不懂就问，经过长期积累和反复琢磨，不断总结经验和教训，这样逐渐改变自己的口语能力，才能让脱稿讲话做得越来越好。

2. 多学知识

英国哲学家培根说："知识就是力量。"苏联伟大作家高尔基说过："用知识武装起来的人是不可战胜的。一个人知道得越多，他就越有力量。"的确，知识是口才的基础，多学知识，是提高口才和演讲水平的前提。

如何做到多听

我们要把话讲给别人听，并且要让对方觉得动听，那么自己首先要多听。

1. 多听别人演讲，多听别人说话，以提高有声语言的表达能力。

2. 多听自己的讲话或练习时的录音。在没有人倾听的时候，每讲一遍，自己都要录下来，以便发现问题及时地纠正。

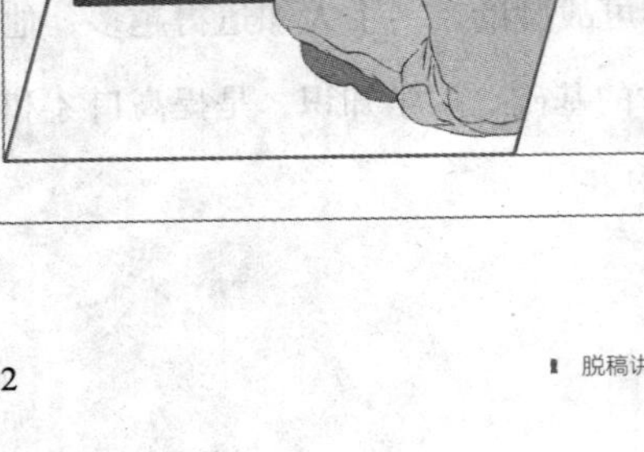

3. 多听电台、电视台播音员、节目主持人播音、讲话。听这些语言和腔调会让我们在音质、音量、语调上面进行改变。

“不积跬步，无以至千里；不积小流，无以成江海。”要想给别人一杯水，自己就应有一桶水。那些学识浅薄、胸无点墨、孤陋寡闻、不学无术的人，是根本说不上有口才的。

3. 多学讲话技巧

一个人敢说话、会说话，不等于有口才，正如一个人会骑自行车还不是艺术一样，只有杂技演员娴熟的骑车表演才称得上艺术。脱稿讲话是一种综合艺术，要真正掌握这种艺术，并非易事，它包括很多方面的技巧，诸如说话字正腔圆、吐字清晰，形体动作、面部表情和仪表礼节，控场、应变的方法，即兴说话的诀窍，论辩的艺术，对话的妙法等。这些都需要我们进行系统的学习和运用。

口才的技能不是天生的，同其他任何才能一样，口才的获得来自勤奋的学习、刻苦的练习。“宝剑锋从磨砺出，梅花香自苦寒来。”古今中外一切口若悬河、舌辩滔滔的演讲家，都是在后天的努力和苦练的基础上，靠自信、勇气、拼搏、锻炼造就而成的。

因会而异

在主持会议的时候，会议主持者或即兴发言者一个重要的任务就是发挥语言的艺术性，针对不同的会议，调动听众的情绪，抓住听众的兴奋点，吸引听众的注意力。要知道，会议的类型不同要求也不相同，因此，作为讲话者，必须懂得因会而异，根据场合有针对性地赋予语言不同的色彩。

会议一般出现在工作中，比如说公司的平常会议、公司的年底会议、洽谈会议、谈判会议等，这就需要发言者根据场合的需要，来做出相应的调整，说出切合实际有用的话，只有这样，才能最终实现说话的目的。

1. 日常的工作会议

在职场中，每个人都讲究效率，所以，在出席这样的会议时，我们就需要长话短说，避免那些空话、套话，直接讲出重点，切合实际地把主要问题讲清楚。

即兴发言者要想在会议上说出简单而实际的话，不妨做到以下几个方面：

首先，需要发言者明确会议的主题。只有知道会议的主题是什么，才能做到心中有数，才能说出合适恰当的话。

其次，根据主题分清问题产生的原因。发言者需要结合实际，把问题产生的原因进行简明扼要的分析，并指出其中主要的原因。这样，才能以最快的方式找到问题的所在。

最后，提出合理的解决方案。在这三个环节当中，最后这个环节是重点，发言者需要把问题的解决办法逐条说出来，让听众清楚明白。

2. 单位年会

年会指某些社会团体一年举行一次的集会，是企业和组织一年一度不可缺少的“家庭盛会”，在这样的场合，发言者就需要说出振奋人心的话。若你是公司的领导者，在发言的时候，不妨遵循这样的框架：

首先，在开头的时候要祝贺所有的员工，祝贺他们在这一年里取得的骄人成绩，代表公司恭祝大家新年快乐。

其次，发言者需要年度回顾，用简单的话语回顾一下过去。

再次，在回顾过去之后，接下来就需要展望未来。描绘一下公司美好的愿景，鼓舞员工们的斗志。

最后，再说下一个年度安排。在新的一年里的工作安排可以简单提一下。

依照上述的框架，就知道在这样的场合，应该怎么说才能切合实际了。

3. 谈判会议

不同的谈判场合决定着讲话者应该说什么。这方面的会议，没有一个约定俗成的框架，需要发言者根据实际情况去应对。但这里要提醒大家的是，在谈判会议上，一定要切中要害地说出关键的话，让对方信服你。

首先，在会议开始时，要阐明自己的立场。比如说，销售方面的谈判会议，目的是双方就各自提出的条件达成一致，那么在会议开始时便要表明自己的立场。需要注意的是，不要带着犹豫的口气，要做到干净利落。

其次，协商过程。在谈判会议上，最易出现僵持的阶段就是协商的过程，这就需要讲话者打破这种僵局，找到突破口，尽量挽回局面，争取能够在协商的状态下，双方能够达成一致。

最后，要表示感谢，提出展望。就成功的谈判会议而言，在结尾时一般都需要表示感谢，感谢彼此能达成共识，并且期望在下一阶段顺利合作。

总而言之，讲话者要根据不同的会议来调整自己的讲话内容，调整讲话节奏，才能在会议上得到更多人的认可。

第六章
在任何场合，打动任何人

一次成功的讲话，并不是客观事理的空洞说教，而是思想情感真挚而热情的互动。

第一节

调动气氛的欢迎会、欢送会

三层意思表达欢迎之情

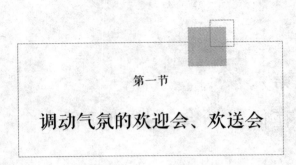

在欢迎会上，很多人都不知道脱稿该怎么说，应该说什么，即使说出来也没有合理的逻辑，思维混乱。这样的讲话容易给听众造成负担，让他们猜想你要表达什么，结果只能是让听众产生倦意和厌烦的心理。那么，为了能够吸引听众的注意力，不妨我们用三层意思表达欢迎之情：欢迎——希望——祝愿。既有层次地表达了欢迎之情，更能体现你的真情实感，一举两得。下面是某学校的领导在新生欢迎会上的讲话稿，如果用脱稿的形式表现出来，会让欢迎之情显得更加真挚，也更加亲切。

亲爱的 2007 级全体同学：

你们好！

金秋送爽，丹桂飘香。今天美丽的校园迎来了又一批 ×× 学院的新主人。首先，请允许我代表 ×× 学院的全体老师和同学，对你

采用“欢迎——希望——祝愿”的构思框架

在欢迎会上即兴发言的时候，我们可以采用“欢迎——希望——祝愿”的框架来构思：

首先欢迎大家进入我们学院学习……

首先，开场就直接表达欢迎之意，因为这个开场白不仅活跃了现场的气氛，同时也恰到好处地表现了主题。

其次，在欢迎会上，发言者需要对听众提出希望要求。在阐发要求的时候，最好逐条进行说明，列出具体的次序。

下面，我想说以下几点希望：首先……

……祝愿大家健健康康……

最后，在结尾的时候要提出祝愿。这不仅照应了开头，而且还升华了主题。因为，一个好的结尾，也就预示着讲话的成功。

们表示最热烈的欢迎！看到各位年轻的面孔、灿烂的笑容，我就仿佛清晰地看见 ×× 学院这所百年老校永不穷尽的生命力，内心真是无限欢欣。

刚刚步入象牙塔的你们大概还没有时间静下心来想一想即将展现在你们面前的大学生活。而这就是我们今天集会的目的。今天的开学典礼宣告着，你们来到了一所有着 125 年历史的民办教育百强学校。在高等教育大众化的今天，我们 ×× 学院矢志不渝地坚持鲜明的“英语”与“计算机”特色，以培养人才为宗旨，为社会造就应用型“英语 + 计算机”的双面人才。无论你们出于何种理由选择了 ×× 学院，我们都将以“以生为本，尽责善仁”的精神，帮你们实现从合格的中学毕业生向应用型优秀大学生质的转变。

你们必定在想：我们这所学校为你们准备了什么？今后的黄金岁月里，你们将可以享受这里丰富的资源、迷人的景致，从聆听讲演、阅读经典、省思辨论和实验实训之中，感受独特的校园文化，接受基本素质和应用技能的专门训练，增长知识，健全身心，掌握谋生技能，获得发展自我的能力。我们有平易近人、全心全意投身教育的专业教师，有尽心尽责的辅导员、行政人员和后勤员工，他们虽然不一定能告诉你所有问题的答案，但他们一直会鼓励你自己去独立思考、去自主探索、去自由地感悟心灵深处的智慧和幸福生活的脚步。这正是大学教育与中学教育的最大不同所在。

展望未来，作为学院领导，我今天给大家提出四点要求。

一、学会学习。学会读专业书，读专业原著名著，读专业杂志，读自己喜欢的书籍。养成读书的习惯，从读书中寻找快乐！大学期间是读书的美好时光，书读的多少会影响乃至决定人生境界的高低和事业成就的大小。

二、学会思考。学会从“专业”角度思考问题，有深度的思考；学会从“大学”角度思考问题，有高度的思考。养成思考的习惯，从思考中寻找快乐！大学期间一定要让自己的思维有一个质的飞跃，这不仅是大学时光也是未来一生发展的核心支柱。

三、学会做人。同学们从全省各地到我们学院，成为同学、同窗，这是十分难得的缘分，希望大家彼此珍惜。我特别希望，我们同学，特别是同班的同学、同寝室的同学，彼此间一定要相互关心、相互帮助，同学遇到困难要主动伸出友谊的双手，给予力所能及的帮助；同学取得成绩，要发自内心表示祝贺。学会分担别人的痛苦和分享别人的成功，这是现代人非常重要的品质。

四、学会规划。学会规划自己的人生。大学期间，我们每个大学生都应该认真地思考：我要做一个怎么样的人？我的人生目标是什么？怎样让大学生活过得充实、有意义，为未来的人生发展奠定坚实的基础？我们应该学会充分利用大学的资源。我们学院具有丰富的教育资源，除了静态的图书馆、实验室、运动场以外，还有动态的各种社团活动、各种学术报告，等等。希望同学们要有强烈的“资源”意识，充分利用大学给予的资源和条件，全方位锻炼自己、提高自己！

同学们，“××学院时间”现在开始！从今天起，××学院将塑造你们的人生，而你们将塑造××学院的未来。祝愿大家在××学院快快乐乐、健健康康、平平安安！

这篇稿子的思路非常清晰，主要由三层意思来表达欢迎之情，即欢迎——希望——祝愿。我们在欢迎会上即兴发言的时候，可以采用这种思路。

此外，除了以上三层意思表达之外，从这篇范例中，值得我们借鉴的思路是，从内部结构来说，演讲需要形成或创造现场的情绪氛围，所讲的内容应该较为集中，通常一篇演讲稿最多只能讲两三个问题，而且这两三个问题还得很紧密地在逻辑上串联起来，以层层推演的方式，一环扣一环地展开。

神来之言添亮点

很多公司都会举办欢迎会来庆祝新员工的入职，公司领导者在欢迎会上发表讲话是必不可少的，如果公司老总拿着现成的稿子照本宣科，难免让新员工觉得这种欢迎只是一种形式，即使讲话者真的对新员工的到来感到高兴，念稿子的方法也很难让他们感受到真诚的欢迎。所以，这时候最好的选择就是脱稿讲话，这样既能表达自己的诚意，同时又能在新员工面前展现自己的好口才。

此外，采用脱稿讲话最重要的是内容新颖，能够出奇制胜，讲话者把枯燥的内容用另一种方式呈现出来，为发言增添亮点，能够在很大程度上调动听众的兴趣。以下范例是某领导在新员工的欢迎会上发表的讲话，其中的神来之言，可以让脱稿讲话收到更好的效果。

大家好！有你们加盟，我感到万分高兴，你们的加盟为公司注入新的血液，添加新的希望。在这里，我代表全公司对在座的各位表示热烈的欢迎！

公司于2011年2月25日注册成立，项目地址在××市，由A有限公司、B股份有限公司、C（集团）有限责任公司共同出资组建，注册资本金54亿元人民币，三方股东出资比例分别为A有限公司出资50%，B股份有限公司出资25%，C（集团）有限责任公司出资25%。公司下属两个项目，一个是Y合作示范项目，另一个是配套的Z煤矿项目。公司于2011年×月×日举行了Y项目和Z项目开工进点仪式，目前，各项筹建工作正在紧锣密鼓进行中。

在此，我献给大家三个词：敬业，勤奋，脚踏实地。敬业是所有员工第一美德，也应该是我们的聪明的生存之道。敬业表面上看好像是为公司，其实终身受益的却是你自己。每个人都有工作的能力，但是，只有敬业的工作态度，才能让一个人具有最佳的精神状态，才能够将自己的工作能力发挥到极致。勤奋是我们永远不过时的敬业精神。一个人的成功外部因素是重要的，但更为重要的是自己的勤奋、努力以及脚踏实地工作，从小事做起，细节成就完美。

对于公司的制度，我不想多说什么，给大家讲一个故事吧：有一天，一只小小的跳蚤在一个人身上跳上跳下，不断地叮咬他，弄得他极其难受。他一把抓住跳蚤，问它："你是谁？怎么在我身上四处叮咬，使我全身瘙痒？"跳蚤说："请饶恕我，千万别捏死我！我们一直就是这样生活的，虽然不断地骚扰人们，但绝不会去干更大的坏事。"那人笑着说："罪恶不论大小，只要祸及别人，就绝不能留情，所以一定要捏死你。"好了，故事讲完了，希望我们每一个人都不要成为故事里的跳蚤。

公司的进步取决于每一名员工的能力和业绩，要学会正确的思考方法和工作方法。公司会提供给你们一些学习的机会，但是自我的培养更加重要，要有意识地培养自己，适应公司发展的需要。不要光指望他人，自己要多请教，放下架子，努力使自己的兴趣和工作结合起来，快乐地工作，体会到工作的喜悦和满足，这样你的职业生涯才会是丰富多彩的。我相信，大家能够与公司共同成长。

你有幸进入了公司，我们也有幸获得了与你的合作。我们将在共同信任和相互理解的基础上，度过你在公司的岁月。这种理解和信任是我们愉快奋斗的桥梁和纽带。事实将证明，你们来到这里是你们正确的选择，鼓起你们的勇气，拿出你们的激情，我们一同努力。努力是主动的，努力是追求，努力是智慧，努力更是忠诚，努力意味着辛苦，努力意味着付出，努力的过程肯定是酸甜苦辣的，而努力的结果注定是丰硕和喜悦的。祝愿你们收获事业、收获成功！

范例中，领导在讲解公司制度的时候，并没有采用逐条列举的枯燥方式，而是用一个故事给新员工敲响了警钟，如此的“神来之言”，就为发言增添了许多色彩，把原来枯燥呆板的事情讲得生动有趣，这样不仅能够吸引更多的听众，还能让员工清楚认识到公司制度不能违反。这样的讲话技巧值得我们学习和借鉴。

在职场上，为了让脱稿讲话精彩绝伦，我们需要怎样构思思路或者框架，让自己的讲话出奇制胜呢？以在新员工的欢迎会上讲话为例进行分析：

第一部分：开头要点题——欢迎新员工入职，号召全场的人对新员工表示热烈的欢迎。

在这一部分，主要表达出欢迎之情，比如根据现场的情况可以

这样说："……我代表全公司对于新员工的到来表示热烈的欢迎！（掌声）掌声再一次证明了大家的欢迎有多么热烈。"采用类似的方式，自然会调动现场的热情，活跃现场的气氛。

第二部分：介绍公司的规模及未来的发展方向。新员工刚来肯定不是很了解公司，这就需要领导者大致介绍一下公司的状况，让他们对未来的就职环境有一定的认识。在这部分，需要把原本的事实和情况清楚地讲明白。

第三部分：介绍公司的基本制度。一般这部分讲起来会比较枯燥，不妨换一种方式说，也许就会产生不一样的效果。比如说，你可以像范例一样，采用一个故事，使听众由此产生类比联想，阐述的道理就会更集中鲜明，也使演讲显得更富有文化底蕴，让听众对此产生兴趣，因而也就会提升他们对讲话内容的认可。

除了上述方法，你还可以用悬念切入。设置悬念能抓住听众的注意力，调动听众的情绪。

最后部分：表示感谢和祝福的话语。对新员工提出希望和祝福，促使他们在今后更加努力地工作，争取早日成功，成为公司的骨干力量。

被欢迎者要避免说空话

欢迎会是在工作、生活中经常遇到的礼仪场合之一，而作为被欢迎者发言时应该说些什么，怎么说呢？通常对于大家的欢迎表示感谢是不可少的，但是，如果一直感谢来感谢去说一些空话套话，也不会显得多有诚意，脱稿讲话最大的特点就是真实，结合自身经历表达出的情感才是最真实的，下面用一篇范例说明：

各位领导、各位同事：

大家上午好！

我先自我介绍一下，我是吉林人，长春工业大学应届毕业生，学机械设计的，带着梦想千里迢迢来到公司。

现在我最想说的话就是十几年学习生涯结束了，我的身份也彻底发生了改变，由学生转变为员工，这一转变意味颇多，心情也是很激动。激动的同时，我也很感激，感激领导发现并肯定我们的价值，感激领导在百忙中抽出宝贵时间为我们举行这样的仪式，更感激公司在近些年就业情况如此紧张的形势下，给我们这样一个宝贵的工作机会。所以，在此，请允许我代表2009年新入职的员工对公司表示由衷的感谢！

激动和感激之余，感受最多的还是紧张，因为我们要担负起更多的责任，在企业的发展中发挥自己的作用。虽说我们读完大学，掌握了一定的知识，但对于我们这些刚迈出校门踏进社会的年轻人而言，如何尽快退掉学生时代身上的散漫天真，尽快融入全新的工作环境中，如何将在学校所学知识更好地应用到工作实践中，如何向厂里的老师傅学习，如何将自己个人的发展与企业的发展相统一，这些都是需要思考解决的问题。公司这个大家庭，这个将播撒我们青春年华的地方，正在热火朝天地发展中。我看到了我们公司事业的庞大。为此，我感到自豪和信心十足。公司给我们搭建了一个优越的平台，作为新员工，我们愿意接受时代的挑战，更满怀信心，脚踏实地地工作，不断地尝试、探索和创新，在工作中学习，在学习中进步、前行！

正所谓“进取无止境”，公司给了我们空间，给了我们舞台，公司的前辈们为我们搭好了梯子，铺好了路，我们应当趁着这大好时机赶快行动，把自己的利益和公司的利益统一起来，和各位同事一道，人人努力，天天努力，人人学习，天天学习，为了我们共同的目标而奋斗。

在培训室的墙上写着这样一句话：人的一生可能燃烧也可能腐朽。我不能腐朽，我愿意燃烧，为祖国的富强，为人民的安康，为国防航空事业，让我们一起燃烧！

谢谢大家！

范例中，讲话者根据实际情况来发表自己的感想，使在场的每一位听众都感受到讲话者的真诚。讲话者没有说过多感谢之类的套话和空话，自然更能获得在场每一位听众的认可。因此，这样的讲话方式值得我们学习和借鉴。

在类似的欢迎会上，我们需要采取怎样的思路让自己讲出的话不空泛呢？以下的思路仅供参考和借鉴：

首先，发言者在开头的时候要做出感谢。对于感谢，不要空洞地泛泛地说，而是应该具体到某一个人，因为什么事情，要感谢他，这样有事实依据，才能让听众感到你的诚意。比如在欢迎会上，你可以这样说：“我要感谢为这次欢迎会辛苦忙碌的 × ×……”具体到某一个人身上，说出来的话就不空洞了。

其次，可以借着现场的情况，说一下自己的感受，并且要依据现场的情况来定，不能胡说和乱说。你要善于用耳、眼、身观察和感受现场，抓住现场的具象来表达含义。比如说，你可以借助场上的酒来引起话题，这也是言之有物，而且还有心意。因为有实物更能表达人们的心意。

最后还要表示感谢。你要感谢来参加这次欢迎会的每一个人。

举例用细节，感动当事人

对于被调离的同事或者是领导，公司会为他们组织欢送会，在这样的情况下，如果让作为搭档和同事的你发言，可以在讲话主题的部分举出一些你们曾经一起工作的典型的事例，越详细越好，但要符合你之前提出的观点。如此一来，不仅能够感动当事人，也能展现你的诚意，获得在场每一个听众的认可。下面这篇讲稿如果用脱稿的形式讲出来，收到的效果一定比照本宣科好得多。因为详细的工作经历是大家共同的回忆，念出来的效果远没有脱稿的效果真实，而最能感动人的往往是这些真实的细节。

尊敬的各位领导，亲爱的同事们：

大家晚上好！

此时此刻，我想我们大家的内心十分复杂，既有高兴也有失落。高兴，是因为××女士在A公司的工作画上了圆满的句号，马上就要奔赴新的人生起点了。失落，是因为我们要失去一位非常熟悉A公司经营情况、工作经验相当丰富的领导。

在这里，我代表我们A彩印全体同事感谢××领导多年来对我

学会构建思路来感动当事人

在欢送会上，脱稿发言时，我们如何构建思路来感动当事人呢？

首先，在开头的部分应该先表示感谢。

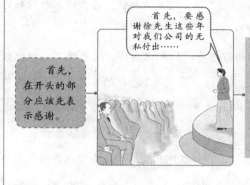

首先，要感谢徐先生这些年对我们公司的无私付出……

这里的“感谢”，主要是强调被欢送者对于公司的辛苦和付出，以及他们取得的主要成绩。

其次，举例回忆。

还记得那次公司面临危机，是徐先生带领我们组……

讲话者可以举出具体的事例，畅谈曾经的往事，能使当事人和现场的每一位听众都产生共鸣。

最后，表达不舍之情，对被欢送者表示祝愿。

在这里衷心祝愿徐先生到新单位能够一展宏图，新建传奇！

讲话者要表达对于被欢送者的不舍和遗憾之情，并希望他在未来能够一展宏图，再创辉煌。

们工作的大力支持，对我们干部职工生活的关怀和照顾！

弹指一瞬间，不知不觉××已经为我们服务了16个年头，将其最美好的青春年华都奉献给了A。可以这样说，在A进入辉煌的时候，她功成身退地离开了A。

××女士作为我们的前领导，她知识渊博，思想坚定，组织领导能力强，富有魄力，是难得的一位好领导。她的思想觉悟、奋发进取精神、工作业务能力和领导水平是全公司上下有目共睹的，也是大家所公认的。在这儿工作的十几年来，她立足公司的实际情况，充分发挥自身优势，游刃有余、开创性地开展工作，有力地促进了A公司经济建设又好又快发展。在日常的生活和工作过程中，××特别平易近人，十分关心关怀下级的工作和生活情况，经常了解我们工作中的实际困难，并倾尽全力帮助解决，得到了同事们的一致好评和赞誉。

××不仅能出色地完成自己负责的分管工作，还善于把握全局，统筹兼顾，注重倾听各方面意见、建议，只要是有利于公司经营的意见建议，都积极采纳。特别是在繁忙的工作之余，她还十分注重加强自身学习，不断提高自身素质，经常抽空学习国家方针政策和专业知识，并用自己掌握的经济知识紧密结合我公司实际创造性地开展工作，指导工作。以团结友善、互谅互敬的风格处理人际关系，经常与我们基层工作的同事谈心交心、沟通思想、建立友谊，使我们更好地厘清工作思路，拓展工作视野，增强工作能力，提高工作水平，××这些指导性的意见和教诲，不但有力地促进了我公司十几年来各项工作的顺利开展，而且也为我们今后做好项目争取及各项工作奠定了良好的基础。

可以说，这十几年来我们A公司所取得的工作成绩和成果，很大程度上讲，得益于××等各位领导对我们工作的指导，得益于××等各位领导对我们工作的大力支持和关心，在此，我代表公司全体同事对各位领导特别是××表示衷心的感谢！并诚挚邀请您今后常来指导我们的工作，继续对我们的工作给予支持和关心。

最后，衷心祝愿××女士家庭幸福，生活愉快！

谢谢！

范例的重点是"举例回忆"部分，既有事实，也有细节，既让当事人感动，又让在场人信服，详细地说明了××女士在公司取得的各种成绩以及所做的贡献。可见，在日后的欢送会上，我们也可以举出具体的事例来表彰被送者，不仅能表达自己的真挚感情，同时又能得到当事人的认可。这里需要注意的是，在列举事例的时候，最好详细一些，把能说明问题的细节突出出来，切记不要太笼统、宽泛地讲述。

第二节

主持会议

牵线搭桥，巧妙连接

主持一个会议，一般都要在中间牵线搭桥、过渡照应，把整个会议连缀成一个有机的整体。这个连接过程也是主持者发挥其机智和口才的过程，它显示了主持者的组织能力和概括能力。

在脱稿讲话中，主持会议的发言者所用的连接语不外乎承上启下：肯定前面的，画龙点睛；呼出后面的，渲染蓄势。但在会议主持中，用还是不用，话长还是话短，应看具体情况。若需用连接语，既可顺带，也可反推；可以借言，也可直说；可以设疑，也可问答。总之，不要弄成“主持八股”，应以别开生面、恰到好处为原则。我们以李开复主持的互联网技术大会为例，来看一下如何在脱稿讲话中牵线搭桥、巧妙连接：

中国网友、朋友们：

大家新年好！

非常感谢大家在新年里就来参加今天这个由中国互联网协会和Google合办的互联网技术大会，希望在这次大会中你们能够看到很多新的知识和思想的碰撞，学习到新的技术和新的想法。记得在8年前我就在这个讲台上推出了“21世纪的计算”这个会议，到今天还是非常的成功，但是回顾一下这8年发生了很多的事情，8年前Google还在一个车库里，8年前中国互联网协会还没有成立，8年前我们还在讨论计算，没有想到今天互联网的重要性，在8年前我们不可能想到在今天中国即将有世界最多的互联网的网民，当时更多的是希望引进国外先进的技术和思想，而今天我们看到中国和国外的专家交流，国外的专家来到中国更多的是他们发问，他们希望理解中国互联网如何发展，中国互联网走上了国际舞台，这是我们希望看到的。

今天这次大会我们主要的目的就是交流技术，并且带来世界最顶尖、最新的国内外技术专家，在演讲人方面我们看到有很多学术界的科学家，也可以看到很多互联网行业的实践家，他们有一个共同点就是都是这方面的技术专家。Google期待着每一年都能够在春季和中国互联网协会继续合作，办这种大会。希望明年我们会把邀请函再发给在座的每一位。

今天请到的专家有，被誉为“互联网之父”的Vint Cerf，他昨天刚刚获得了清华大学名誉教授的荣誉，中国工程院副院长、中国光纤传送网和信息网专家邬贺铨博士，还有Ask.com的首席科学家和高级副总裁Tao Yang博士，Mazilla公司首席执行官Mitchell Baker女士，还有清华大学吴建平教授，中国移动研究院院长Bill Huang，Google以色列研发中心的负责人Yossi Matias，Google中国台湾地区研发中心的工程总监简立峰博士，Google 工程经理 Greg Stein，核心 JAVA 类库架构师 Joshua Bloch，AJAX 创建者、产品体验公司 Adaptive path 的共同创建者兼总裁 Jesse James Garrett，希望他们能够分享他们的想法，谢谢大家。

……

下面介绍一位中国互联网非常著名的学者和领头人，现任中国互联网协会理事长，是中国工程院院士，曾任中国科学院副院长，也是我国的模式识别与人工智能领域最早的探索者之一，他领导成立了在模式识别领域的第一个国家政府实验室，让我们欢迎中国互联网的大家长、中国互联网协会胡启恒理事长。

……

此种场合主持会议的人是作为嘉宾主持，其发言的目的是告诉听众来听什么、为什么听、主讲人都有哪些人、在讲话的时候，需要注意什么……作为主持人就是做好牵线搭桥工作，巧妙地连接现场，承上启下，穿插衔接性地发言，让整个会议自然而流畅地进行。所以，我们在主持会议的时候，要做好上下的衔接，巧妙地使会议有序地进行。

开场白用事实和数据点题

假如你是一位银行客服经理，你所在的银行要推出一个理财产品，特意安排了一个新闻说明会，请相关专业人士为你的理财产品做介绍。这时你作为主持者，要在开场的时候说几句话，把专业人士和主题介绍给大家，你应该怎样说呢？很多主持者都为此焦虑不已，他们希望自己讲的内容具有说服力，又能博得听众的认可。所以，为了能达到上述的目标，我们不妨在开场的时候，试着用事实和数据说明问题，也许会达到意想不到的效果。马云在内部讲话关于“现在人口是一个资源”中就利用了这一点：

互联网只要有人口就好。世界上人口太多是一个负担，但其实，现在人口是一个资源。澳大利亚有的是矿产，但经济搞不起来，就两千万人口，搞不起来。中国十三亿人口，人口就变成是一个资源。对蒙牛来讲，我告诉你，你们最大的资源就是十三亿人口，两千万人口要做蒙牛不可能。中国一定会诞生这样的乳业巨头。网络必须要有十三亿人口的支撑，中国没有基础建设，我们把它建起来。蒙牛当时也没有配送，也是这么一点点建立起来。我们没有想到前面 9 年建了以后，我们变成全中国电子商务的基础建设者。我们的基础建设是什么概念呢？我们如果把自己当作房地产开发商，我们其实只做 3 件事情，房地产下面的水要用我们的，电要用我们的，煤气要用我们的管道，其他我们不做。

我们希望 3 年、5 年以后，所有的传统企业，如果你想做电子商务，就要跟我们阿里巴巴接上。水电煤是什么？就是访问量。

阿里巴巴有两千多万家中小企业，淘宝有七千万用户，假设你今天想卖产品给消费者，我们把这个管道，把淘宝的管道跟你们接在一起，你们就有七千万客户。今年七千万，明年可能是两个亿，大量的消费者到你这里来。做批发的，阿里巴巴给你接上，这就是水……

从范例中，我们可以了解到，马云在开场的时候，就利用了数字，使在场的每一位听众信服，不仅点明了主题，也让在场的每一位听众进行了深思。因此，我们在以后的脱稿讲话中，不妨借鉴此技巧，用事实和数据来证明自己的观点。

在主持会议上，怎样用事实和数据来构建讲话的思路，说服在场的每一位听众呢?

首先，开场白用事实和数据点题。主持者可以参照范例的方式，编写适合自己的讲话数据、事实。数据和事实必须能够有力地说明问题，引发在场每一位听众的思考。

其次，阐发目前面临的问题，也就是要讨论的主题。每一项会议都需要集中解决几项重要的问题，尽可能地调动所有的与会者提出意见，给出宝贵的建议。

最后，总结会议的结果以及分配的任务工作。主持者在会议结尾的时候，要善于总结会议的成果，并且根据具体情况把工作任务部署下去。只有这样的会议才是有效的。

社交场合主持较随意

假如你作为一次同学聚会的主持人，你怎样通过讲话来协调当时的场面呢？谁都不希望自己在同学面前丢面子，所以想尽量把会议主持好。其实，要主持好这样的聚会并不难，因为每个会议都有各自的性质，像同学聚会这样的社交场合，主持的风格就应该随意一些，不必照着稿子念，发自内心地讲几句话，也许会有意想不到的效果。在老同学面前，念稿势必会显得关系生疏，而随意说上几句话反而能

社交场合的主持思路

虽然在社交场合可以随意地主持，但是也不是没有思路和规律可循，下面为大家提供一种比较通用的方法作为参考：

首先，表示欢迎和感谢。

主持者要对现场的人表示热烈的欢迎，也要特别欢迎邀请的嘉宾，对于他们的到来表示衷心的感谢。

其次，回忆往昔。

主持者通过讲述往日的回忆来活跃气氛，唤起场上每一位听众的内心情感，与听众产生共鸣。采用此方式，能够活跃现场气氛。

最后，感谢和祝福。

主持者在最后的时候要再次感谢到场的每一位，并对大家表示美好的祝福。

不过要注意，如果在聚会现场有被邀请的嘉宾，主持者可以请嘉宾上台讲话。既表示对他们的尊重，又活跃了现场的气氛，会议也就不会显得单调了。

拉近彼此的距离，以下范例就是一次老同学聚会上的主持人发言，可供大家参考：

尊敬的各位老师、各位老同学：

十年前的今天，我们告别了熟悉的母校，也告别了亲切的同学和老师。时光流逝，岁月如歌，不知不觉我们已走过了十个春天。

十年来，大家的每一步成长和变化，成了我们心中长久的期盼。经过前期筹备，在全体同学的积极响应和共同努力下，今天我们终于相聚了！此时此刻，我想，大家的心情和我一样，难以平静，非常激动。2000 年，我们怀着初识的喜悦，相聚在这平凡的集体中，从此开始了三年的同窗生活，度过了人生那段最纯洁、最浪漫的时光。

我想，这不仅仅是一种记忆，更重要的是一种财富，足以让我们用一生去珍惜。今天我们组织举办这次聚会，就是为大家提供一次重叙旧情、互述衷肠的机会，重温老师恩同学情，来共同追忆温馨的昨天和曾经的浪漫，畅谈人生的艰辛和美好，共同展望精彩的明天。

这次同学聚会，我们还特别邀请了班主任参加，并对我们的同学聚会进行指导，让我们以掌声对王老师的到来表示热烈的欢迎和衷心的感谢！

下面，我们的聚会联欢正式开始。请我们的班主任王老师讲话，大家欢迎！

……

老师的希望就是我们的奋斗目标，让我们牢记王老师的嘱托，在今后各自的工作岗位上继续努力拼搏，争取在下次的聚会上让我们拿出更加辉煌的成绩向我们的班主任王老师汇报！

请各位打开珍藏十年的记忆，敞开关闭十年的心扉，来尽情地畅谈十年来的友情和诉说十年来的离情。也希望我们的倾心长谈能使青春时光倒流十年，能使我们每一个人的心也再年轻十岁！请大家开怀畅饮，一醉方休！

范例中的主持人，主持风格比较随意，看起来没有那么古板，很自然地把现场的流程穿插起来，既流露出了和同学之间深厚的感情，也表达了对老师的敬仰之情。同时还调动了现场的活跃气氛，增强聚会的欢乐氛围。

结束语宜少不宜多

会议结束时，还需要主持者做出总结性发言，主持者在总结的时候，最好不要说太多的话，长篇大论讲个没完，那样只会让听众心生反感。要知道，话多不如话少，话少不如话巧。所以，脱稿结尾时，结束语宜少不宜多。以下是某主持者在会议结束的时候，做出的总结词，篇幅虽短，会议意义和期望祝愿却表达到位，显得干净利索，而话少对于脱稿来说，无疑是有益的。

尊敬的各位领导、各位来宾、经销商朋友们：

再次感谢大家参加此次盛会！感谢大家多年如一日的执着支持！今天，我们高朋满座，畅谈合作，展望我们共同事业的美好前景，通过各位领导的发言，未来像广袤的大海一样徐徐展开，就等待着我们高张云帆，起航共进！

我深信，经过此次会议，我们决胜未来的信心更为充足，我们的共同信念将更加稳固，我们之间的诚信合作精神将再度闪耀光芒！我深信，只要我们团结一致，真诚相待，和谐合作，激情奋进，我们一定会创造更加惊人的奇迹，我们一定会在不远的将来成为行业冠军！明年的今天我们一定会再次把酒言欢，欢庆胜利！尊敬的各位来宾、各位朋友，本年度核心经销商会议到这里就结束了，再一次感谢大家！衷心地祝愿各位在新的一年身体健康，财源广进，事业腾达，笑傲商海！

从此范例中我们可知，主持者如此简短的总结不仅做好了自己的角色，还没有喧宾夺主。所以，我们主持会议的时候，要尽量减少自己结束的话语，努力做到短小精巧。

一般来说，会议的结束语会有一个基本思路，因为不同的会议会有不同的情况，需要根据情况做出相应的调整，在此提供一个参考思路：

首先，主持者要表示感谢。主要是对在场发言的每一位嘉宾或者是与会人员，感谢他们的参与。

其次，总结收获。整个会议总会让你收获一些东西，作为会议的主持者，要简要地总结一下，并且这些内容要符合大众的心理，这样才能博得每一位听众的认可。

最后，再次感谢。对于来参加会议的每一个人表示感谢，对每一位发言者要表示感谢。

第三节

就职演讲

工作表态，简短有力

如果你晋升的职位比较高，在履职时通常会有个就职仪式，就职场合中被提拔者通常需要进行就职演说，这类场合适宜脱稿讲话。为了能让自己脱稿讲话出色精彩，其中关键的一点是，在工作表态时，要注意简短有力，只有这样才能在就职仪式上赢得更多的掌声。下面的范例是林肯第二次当选美国总统时发表的演说，我们来看一下。

同胞们：

在第二次宣誓就职总统的时候，我不必像第一次那样做长篇的演讲了。

第一次就职典礼上，较为详尽地叙述我们要采取的方针和道路，看来是合适与恰当的。现在，在我的四年任期结束之时，有关这场至今仍为举国瞩目的大斗争的每个方面，时时有公开的宣告，因此没有新的内容向各位奉告了。我们的一切都依靠武装力量，这方面的进展，大家知道得和我一样清楚。我相信，大家对此颇感满意和鼓舞。我们对未来抱有很大希望，在军事方面就毋庸多做预测。

四年前我初次就职之际，全国思虑都集中在即将爆发的内战之上。大家对内战都怀有恐惧，都设法避免这场内战的发生。当时我在这个讲坛上发表的就职演说，全部内容就是为了不战而拯救联邦。当时城里的叛逆分子却企图不用战争而摧毁联邦，企图通过谈判来瓦解联邦，瓜分国家所有。双方都反对战争，但其中一方却宁愿战争也不愿联邦毁灭，于是内战爆发。我国黑奴占人口八分之一，他们不是普遍分布于全国各地，而是集中在南部。这些黑奴，构成一种特殊而重要的利益。

尽人皆知，这种利益迟早会成为战争的起因。叛逆分子不惜发动战争分裂联邦，以达到增大、扩展这种利益，使之永存的目的，政府却除去要求将奴隶制限于原来区域，不使扩大之外，不要求其他任何权利，双方都不曾预料到战争会有这样大的规模，持续这样久，不曾预料到引起冲突的原因在冲突停止前会消失。双方都寻求轻而易举的胜利，不求彻底或惊人的结果。双方信奉同一宗教，敬拜同一上帝，都祈求上帝帮助战胜对方。说来奇怪，竟有人敢于要求公正的上帝帮助自己去榨取别人的血汗；但我们不要去品评他人吧，以免受到别人的评论。双方的祈求都不应得到满足，也没有任何一方得到完全的满足，因为全能的上帝自有主张。“祸哉斯世，以其陷入故也，夫陷人于罪，事所必有，但陷人祸矣。”如果我们把美国的奴隶制当成是上帝必定要降给我们的灾祸，这灾祸已经到了上帝指定期限，他现在要免去这场灾祸了。他把这场可怕的战争降给南北双方，是要惩罚那些带来灾祸的人。

笃信耶稣基督的人常把许多美德归于基督，我们难道可以说基督的这些作为，与他的美德相悖吗？我们满怀希望，我们热诚祈祷，愿这场惩罚我们的战争早日过去；但假若天意要这场战争延续下去，直至二百五十年来利用奴隶无偿劳动辛苦积聚下来的财富销毁净尽，直至奴隶在皮鞭下流淌的鲜血用刀剑下的鲜血来偿清，如同三千年前古语所说的那样，我们仍然要称颂上帝的判决是公允合理的。

我们对任何人不怀恶意，对所有人都抱有善心，对上帝使我们认识到的正义无限坚定。让我们努力完成我们正在进行的工作，愈合国家的战争伤痕，关怀战死的烈士及其遗属，尽一切力量争得并维护我国及全世界的正义的、持久的和平。

林肯的就职演说可谓是精彩绝伦，特别是在最后工作表态时，采用了简短的话语，向人们做出了保证，简单有力地向人们表明了自己的工作态度。虽然我们普通人不能像林肯总统那样，发表令人振奋的就职演说，但在以后职位晋升时可以参考。

表达全面，句句在点子上

在就职演讲的仪式上，很多人都喜欢泛泛而谈，虽然讲述的内容很全面，但是都没有抓住重点，说不到点子上，这会让听众非常反感，误认为讲话者只会虚言造势，不切合实际。所以，在就职演说上，要注意在表达全面的同时，也能句句在点子上，只有这样才能获得更多听众的认可和好评。以美国第35届总统约翰·肯尼迪在1961年1月20日发表的就职演说（节选）为例，学习一下如何使语言表达句句到位。

我们不把今天看作是一党胜利的日子，而看作庆祝自由的佳节。它既象征结束，也象征开始；它意味着继业，又意味着更新。因为我在你们和全能上帝面前宣读的，是将近一百七十五年前我们祖先拟就的同一庄严誓词。

让每一个关心我们或对我们怀有敌意的国家知道，我们愿付出任何代价，承受任何负担，迎接任何困难，支持任何朋友，反抗任何敌人，以争取和维护自由。

我们保证做到这些，我们还要保证做得更多。

对于和我们有共同的文化与宗教渊源的旧盟国，我们保证忠实不渝。团结一致时，我们合作的多项事业将无往不利；一旦分手，我们将一事无成。

因为在不和与分裂中，我们不敢应对任何强有力的挑战。

我们欢迎加入自由行列的新国家，对于它们，我们保证决不容许以另一种更暴虐的专政去替代殖民统治。我们不能指望这些国家总是支持我们的观点，但是我们却总希望它们有力地维护它们自己的自由，而且希望我们能记住，过去想骑在老虎背上攫取权力的蠢人最终必葬身虎腹。

……

对于我们边界以南的各姊妹共和国，我们做特殊的保证：我们要把说好话变为做好事，为争取进步结成新的联盟，帮助自由的人民和自由的政府挣脱贫穷的枷锁。但是这种和平革命的想望不应成为敌对大国的可乘之机。我们要让邻国知道，我们将和这些姊妹国联合起来，反对在南、北美洲任何地方发生的侵略与颠覆活动。我们要让每一个大国知道，这个半球上的人民要继续做本土上的主人。

……

最后，对于同我们敌对的国家，我们不提出保证而提出一项要求：让我们双方都开始重新寻求和平吧，不要等到由于科学昌明而发展的毁灭性邪恶力量有计划地或偶然地被触发而吞噬整个人类。

同胞们，我们事业的最终成败，主要不在我手中，而在你们手中。从我国建国伊始，每一代美国人都曾经被召唤为祖国忠诚服务。许许多多美国青年回答了祖国的召唤，他们的忠骨埋遍世界各地。

现在召唤我们的号角又吹响了——不是号召我们拿起武器，虽然我们需要武器；不是号召我们奔赴战场，虽然我们已经严阵以待；这号角声召唤我们去做黎明前漫长的斗争，年复一年“在希望中欢欣，在苦难中忍耐”；这是一场反对专制、贫穷、疾病与战争本身等人类共同敌人的战争。

……

最后，美国公民和世界公民们，请按照我们向你们所要求的力量与牺牲的高标准来要求我们。良心的平静是我们唯一可靠的报酬。历史将为我们的作为做最后的裁判。让我们引导挚爱的祖国勇往直前。我们祈求上帝的祝福与帮助，虽然我们知道上帝在世上的工作就是我们自己的事业。

此篇范例，并不是很长，简洁却全面。范例中，肯尼迪总统讲述了自由、与邻国的发展、崇尚和平、帮助有困难的国家等方面的问题，并且针对每一个问题都发表了自己的看法，句句都说到点子上，说出了人们的心声，这样的就职演讲自然会得到更多听众的支持。

我们可以借鉴这篇范例的特点和思路来完善脱稿演说，使自己在就职仪式上能够畅所欲言。

开头：就职演讲的开头部分，要对领导和群众的信任表示感谢。同时简明扼要地介绍自己就任的原因想法、背景环境、心情感受等。

就职演讲的注意事项

就职演讲通常是发生在竞聘成功之后的，此时的演讲应该着重注意以下两点：

1. 礼貌是一切的基础

首先要对在座的听众表示感激，然后再介绍自己的情况。这是对听众的尊重，注意语言要恳切、真诚。

2. 清晰的条理性

在演讲中要逻辑分明，条理清楚，不能因为竞选成功就满不在乎，否则会导致听众对演讲者产生失望情绪。

就职演讲将会给大家留下自己在这个职位上的第一印象，因此至关重要。而开头则是关于演讲的第一印象，尤为重要。开头部分能够有特色自然是好，如果没有把握，切不可为了出新而出新，以免弄巧成拙。因此，就职演讲的开头不妨稳妥一点，精彩片段可以留在主体部分慢慢发挥。

主体：就职演讲的主体部分应首先简单地介绍演讲者本人的基本情况，对当前形势和环境的分析，对可能存在的问题的解剖，对发展前景的展望。接着明确地表述自己任职期间的施政纲领和思路，以及在这个职位上的长期、中期、短期目标。然后详细地说明短期目标的具体任务、工作方法、考核方式和可能存在的困难。最后讨论工作的价值和完成任务的可行性，并请听众提出意见。

结尾：就职演讲的结尾部分，在感谢领导和群众的信任后，更重要的是展望未来，表示决心，发出号召，振奋士气，给听众以鼓舞和激励，如就职者在演讲结尾时，热情洋溢地说："人心齐，泰山移。各位代表，各位领导，同志们，只要我们同心同德，群策群力，我们的目标就一定会实现，我们的事业就一定会成功，我们的明天就一定会更辉煌！"一个好的就职演讲的结尾，能够使听众有一种热血沸腾的感觉，有想马上跟演讲者一起去做些什么的激情。

另外，就职演讲的场合，一般都比较庄重严肃。但这并不意味着所在的就职演讲者都要板着面孔，更不表示应该说套话。多说一些通俗风趣的话，比死板文章更讨人喜欢。

建立信任，鼓舞人心

在就职仪式上，每一位讲话者都希望通过自己的讲话，获得人们的一些信任。的确，在就职仪式上，获得现场听众的信任是非常重要的，正因为他们信任你，你说出的每一句话才能更好地鼓舞他们。丘吉尔在第一次出任英国首相时的演说就很好地表明了这一点，以下是他的演说内容：

上星期五晚上，我接受了英王陛下的委托，组织新政府。这次组阁，应包括所有的政党，既有支持上届政府的政党，也有上届政府的反对党。显而易见，这是议会和国家的希望与意愿。我已完成了此项任务中最重要的部分，战时内阁业已成立。五位阁员中包括反对党的自由主义者，代表了举国一致的团结，三党领袖已经同意加入战时内阁，或者担任国家高级行政职务。三军指挥机构已加以充实。由于事态发展的严重性给予人的紧迫感，仅仅用一天时间完成此项任务，是完全必要的。其他许多重要职位已在昨天任命。我将在今天晚上向英王陛下呈递补充名单，并希望于明日一天完成对政府主要大臣的任命。其他一些大臣的任命虽然通常需要更多一点的时间，但是，我相信议会再次开会时，我的这项任务将告完成，而且本届政府在各方面都将是完整无缺的。我认为，向下院建议今天开会是符合公众利益的。议长先生同意这个建议，并根据下院决议所授予他的权力，采取了必要的步骤。今天议程结束时，下院休会到 5 月 21 日，星期二。当然，还要附加规定，如果需要的话，可以提前复会。下周会议所要考虑的议题，将尽早通知全体议员。

现在，我请求下院，根据以我的名义提出的决议案，批准已采取的各项步骤，将它记录在案，并宣布对新政府的信任。

组成一届具有这种规模和复杂性的政府，本身就是一项严肃的任务。但是大家一定要记住，我们正处在历史上一次伟大的战争的初期阶段，我们正在挪威和荷兰的许多地方进行战斗，我们必须在地中海地区做好准备，空战仍在继续，众多战备工作必须在国内完成。在这危急存亡之际，如果我今天没能向下院做长篇演说，我希望能够得到你们的宽恕。我还希望，因为这次政府改组而受到影响的任何朋友和同事，或者以前的同事，能对礼节上的不周之处予以充分谅解，这种礼节上的欠缺，到目前为止是在所难免的。正如我曾对参加现届政府的成员所说的那样，我要向下院说："我没什么可以奉献，有的只是热血、辛劳、眼泪和汗水。"

摆在我们面前的，是一场极为痛苦的严峻考验。在我们面前，是漫长的战争和苦难的岁月。你们问："我们的政策是什么？"我要说，我们的政策就是用我们全部能力，用上帝所给予我们的全部力量，在海上、陆地和空中进行战斗，同一个在人类黑暗悲惨的罪恶史上所从未有过的穷凶极恶的暴政进行战争，这就是我们的政策。你们问："我们的目标是什么？"我可以用一个词来回答：胜利——不惜一切代价，去赢得胜利。无论多么可怕，也要赢得胜利；无论道路多么遥远和艰难，也要赢得胜利。因为没有胜利，就不能生存。

大家必须认识到这一点：没有胜利，就没有英帝国的存在，就没有英帝国所代表的一切，就没有促使人类朝着自己目标奋勇前进这一世代相因的强烈欲望和动力。但是当我挑起这个担子的时候，我是心情愉快、满怀希望的。我深信，人们不会听任我们的事业遭受失败。此时此刻，我觉得我有权利要求大家的支持，我要说："来吧，让我们同心协力，一道前进。"

此篇范例，丘吉尔用真挚朴实的语言，讲述了新党派执政、新政府组成以及即将面临的各种挑战，没有任何隐瞒地展示了国家的情况，自然就会得到人们的信任和认可。丘吉尔通过一些话语鼓舞了人心，比如说："我没什么可以奉献，有的只是热血、辛劳、眼泪和汗水……不惜一切代价，去赢得胜利。无论多么可怕，也要赢得胜利，无论道路多么遥远和艰难，也要赢得胜利。因为没有胜利，就不能生存……"

凝聚人心，获得支持

一场成功的就职演说，能够帮助新任人员建立起一座沟通群众的桥梁，拉近与群众之间的距离，成为动员和维系群众同心协力搞好本部门工作的有力手段。所以，做好就职演讲就显得很重要。接下来，我们来看一下美国总统尼克松在发表就职演讲时是如何凝聚人心的，大家可以借鉴他的成功之处。

德克森参议员、最高法院首席法官先生、副总统先生、约翰逊总统、汉弗莱副总统、美国同胞们、全世界的公民们：

今天，在这个时刻，我要求你们和我分享这种崇高肃穆的感情。在有秩序的权力交接中，我们欢庆我们的团结一致，它使我们保有自由。

历史巨轮飞转，分分秒秒的时间都十分宝贵，也独具意义。但是有些瞬间却成为新的起点，定下其后数十年乃至几个世纪的行程。

现在，由于世界人民要求和平，各国领导人惧怕战争，所以在历史上第一次，时代站到了和平方面。历史能授予的最光荣称号莫过于“和平的缔造者”了。这最高荣誉现在正召唤美国。美国有机会引导世界最终从动乱的深渊中拔足，走向人类自有文明以来即梦寐以求的和平宽阔高地。如果我们能够成功，后辈子孙提到我们现在活着的人时，将会说我们驾驭了我们的时代，为人类求得了世界安全。

三分之一世纪以前，富兰克林·德拉诺·罗斯福曾经站在这里向全国演说，当时国家正受经济不景气困扰，陷于惶恐中。他看到国家当时的种种困难，却仍然能够说：“感谢上帝，我国的困难毕竟只在物质方面。”

今天我们的危机正相反。我们物质丰富，却精神贫乏；我们以非凡的准确程度登上了月球，但地球上却陷入了一片混乱。我们卷入了战争，没有和平。我们四分五裂，没有团结。我们看到周围的人生活空虚，没有充实的内容；我们看到许多工作需要完成，却没有人手去做。对于精神的危机，我们需要精神的解决办法。为了找到解决办法，我们只需省思自身。

当我们估量能够做什么时，我们只应许诺能做到的事。但在制定目标时，却要有远大的理想。

如果你的邻舍没有自由，你就不会得到完全的自由。只有共同前进才能前进。

这就是说黑人和白人共有一个国家，不是分为两个。法律是按照我们的良心制定的。剩下的问题就是赋予法律条文以生命：保证既然一切人在上帝面前生来就有同等的尊严，在人的面前也应有同等的尊严。

我们在国内要学会团结所有人共同前进，让我们也努力求得全人类的共同前进吧。

短短几个星期以前，我们刚分享了人类第一次像上帝那样看到地球的光荣，我们看到了地球像一颗星一样，在黑暗中反射出光芒。

圣诞节前夕阿波罗太空飞行员飞越月球灰色的表面时，告诉我们地球是多么美丽；由太空远处月球附近传来声音是那么清晰，我们听到他们祈求上帝赐福给地球上一切善良的人。

在尖端技术欢奏凯歌的时刻，人们想到自己的家园和人类。从太空的远处看来，地球上人类的命运是分不开的；这告诉我们，不论我们能到达宇宙的任何远处，我们的命运并不在那些星星上，而在地球上，掌握在我们自己手里，决定于我们的内心。

命运给予我们的不是失望之酒，而是机会之杯。因此，让我们毫无畏惧、充满欢愉地把握住机会吧。“乘坐地球的乘客们”，让我们坚定信念，认准目标，提防危险，凭着对上帝意旨和人类诺言的信心，共同前进吧。

此篇范例，尼克松总统从以下几个方面去阐述自己的观点：和平、精神危机、黑人和白人平等的权利以及地球人类的共同命运，这些不是什么高谈阔论，而是与人们的生活息息相关，这就在很大程度上凝聚了人心，自然会获得更多群众的支持和爱戴。所以，在就职演说上，就职者不要说一些空洞宽泛的概念，让人们一头雾水，而是要表达一些切合实际与人们的日常生活相关的事情。

如何获得听众支持

在一般的就职场合，讲话者需要借鉴怎样的思路才能凝聚人心，获得更多听众的支持呢？

……未来一年之内，我们市场部的规划是这样的……
就职演讲

1. 具体阐述与之相关的话题

就职者根据岗位性质的不同，需要说明不同的内容。

……希望我们这个团队团结一致，凝聚一心，共同打造我们的美好未来！
就职演讲

2. 号召本部门所有员工一起努力，开创新天地

这样一来，就职者不仅能够最大限度地凝聚人心，更能激发团队活力。

当然，在阐述这些之前，也应该做每一个演讲者都应该做的事情，就是向现场的每一位听众问好。就职者要有应有的礼节，问好既表示对他人的尊重，也体现了自己良好的修养。

第四节

婚礼宴会

热烈温馨的结婚祝词

婚礼上，讲话的角色很重要，不同的角色决定了不同的讲话内容，所以在脱稿讲话的时候，要认清自己的角色，思路开阔，贴切中肯，只有这样，才能收到预期的效果。如果你是新人的介绍人，在婚礼上，就应该说出真心祝福的话语，用热烈温馨的话语来表达内心的祝愿。下面范例中的贺词就是某介绍人在他介绍的一对新人婚礼上的讲话，他用热烈温馨的话语感染了现场的每一位听众。

尊敬的各位来宾、各位朋友、女士们、先生们：

大家好！

今天，香蜜湖大酒店“喜酒香浮蒲酒绿，榴花艳映佩花红”。今天是2013年12月19日，一个喜庆祥和的日子，同时也是王先生和李小姐结下百年之好的大喜日子。

“久热恋，迎来良辰美景，长相思，共赏花好月圆。”一对新人从此开始了人生的又一个新里程。

在这大喜的日子里，我希望王先生和李小姐共同肩负起新的家庭和社会责任，孝敬父母、尊敬长辈及双方；在未来的工作中，互相帮助、互相鼓励、共同进步、开拓进取、与时俱进；在未来的生活中，肩负起为人父、为人母的责任，和睦相处、心心相印、白头到老。

愿你们在天成为比翼鸟，在地结为连理枝，海枯石烂心不变。最后，祝福王先生和李小姐新婚幸福，好景常在，好运常伴；祝天下有情人终成眷属，爱满人间、情满人间；祝在座的各位来宾事业发达、身体健康、万事如意！

范例中，介绍人用简短的话语表达了对新人的祝福，话语间洋溢着美好和温馨，不仅切合了主题，而且还活跃了现场的氛围。要知道，介绍人是促成新人姻缘的大功臣，新郎、新娘一般都会对介绍人怀有很强烈的尊敬与感激之情。鉴于这一特殊的身份，除了说出热烈温馨的话语，还可以向新人婚后的生活提出更具体、更切实的要求，促使他们珍惜来之不易的幸福。

那么，在婚礼上，作为介绍人，我们需要按照怎样的思路来发言表达祝福呢？也许每一个人都有自己的想法和观点，在这里提供一种方法供大家参考：

首先，表达自己作为介绍人的特别心情，向新人致以由衷的祝福。

其次，讲述婚恋双方经自己介绍由相识到相恋的过程，使宾客对新郎、新娘的基本情况有更多的了解。比如，你可选取两人在相知相恋过程中的一两件感人故事细致地讲述，既可以激发参加婚礼者的兴致，又能够使一对新人感怀往事，增进心灵的契合。

最后，对新人的婚后生活提出希望和勉励。在婚礼上，要表示对新人的祝福，并且介绍人的祝福要说得更加中肯、实在。这样才能让新人和现场的观众认可。

朴实风格表祝贺

在婚礼上，假如你作为其中一位新人的家长，主持人请你上台讲几句，面对众多的亲朋好友，你怎样构思呢？生活中，常会在婚礼的场合看见一些家长上台说话不自信，一味地感谢，说了几句就不知道该怎么说了，不知道该怎样表达自己内心的感受，心里明白却怎么也说不出来。其实，在自己儿女的婚礼上，不需要太多华丽的语言，朴实质朴的风格更能让现场的来宾感受到真情实意，也能让新人体会到你此刻的心情。尤其对于脱稿讲话来说，朴实的语言便于记忆，因为最真心的祝福往往是朴实无华的，说自己的话还用什么讲稿呢？我们以一位父亲在儿子婚礼上的贺词为例，感受一下朴实风格的祝福，也许你会发现，这样的语言更容易打动人心。

女士们、先生们，各位亲朋好友：

今天是我的儿子范敏、儿媳周琴结婚的大喜日子，各位亲朋好友在百忙之中前来祝贺，我代表全家向各位朋友的到来，表示热烈的欢迎和衷心的感谢！

作为新郎的父亲，借此良机对我的儿子、儿媳提出如下要求和希望：希望你们俩要把今天领导的关心、大家的祝福变成工作上的动力，为了祖国的富强，你们要在各自的工作岗位上多献青春和力量，携手并肩，比翼齐飞。从今天起，你们俩要互敬互爱，在人生漫长的道路上建立温馨幸福的家。希望你们俩同甘共苦、共创业，永结同心，百年好合。

在这里还需一提的是，我非常高兴我的亲家培养了一个聪慧漂亮的好女儿，我也非常庆幸我们家得到一位贤惠、孝顺的好儿媳。我真诚地希望新亲、老亲互相往来，世世代代友好相处。

今天，为答谢各位嘉宾、各位朋友的深情厚谊，借喜来登酒店这块宝地，为大家准备点清茶淡饭，不成敬意。菜虽不丰，是我们的一片真情；酒虽清淡，是我们的一片热心，若有不周之处，还望各位海涵，谢谢！

范例中，父亲用朴实的语言表达了内心的喜悦之情、祝福之情。而且照顾全面，如亲家、领导、亲友、儿媳、儿子以及在座的来宾等都提到了。讲话简洁不冗长，但又照顾了在场的所有人，自然会得到现场每一个人的认可和好评。

鼓励关怀，多多祝福

假如你是某企业单位的领导，你所在的部门有个同事结婚，你受邀参加婚礼，主持人请你上台讲几句，你应该怎样来构思呢？

其实，单位领导能够参加下属的婚礼，这本身就说明领导对新人的关心和重视，而领导致辞则集中体现了这一点。好的领导致辞不仅能给人关怀与祝福，还能够使领导与下属之间的关系更加密切，促进工作的顺利开展。马云在阿里巴巴的员工集体婚礼上的讲话就是一个很好的范例，可以供大家在类似的场合脱稿讲话时参考借鉴。

我希望大家记住，从激情到爱情，再从爱情变亲情，这才是最高境界。

感谢大家把最美好，也是人生当中，最最令人难忘的仪式，交给了阿里巴巴，我也恭喜大家从今天开始与众不同。

在结婚之前你们每个人只要照顾自己就可以，现在你们要开始照顾更多的人，承担更多的责任。大家知道在我们家，谁永远是NO.1（第一位）？（台下喊：张瑛！张瑛！张瑛是马云的夫人，也是阿里巴巴最早的创业者之一）对！在张瑛眼里谁永远是NO.1？（台下喊：马云！马云！）结婚之前和结婚之后永远要记住，客户第一。（台下笑，有人高声问，客户是谁啊）

花了这么多时间把对方娶来，花了这么多时间想嫁给他，结婚之前的话和结婚以后的话是不能改变的。永远记住，客户第一，老婆第一，老公第一。很多人说父母第一，但我想结婚以后，应该永远是老婆第一，老公第一，父母也会理解的。所有在座的亲朋好友，是不是这样？（台下齐声回答：是！掌声）

你幸福就是我幸福，你幸福父母就幸福，你幸福，朋友、亲戚们就幸福。所以记住你的幸福来自你的另一半。永远坚持，客户第一，你的另一半第一。

第二，我想跟大家讲，（阿里巴巴的）六大价值观里的第二条：团队合作。其实，婚姻是两个人的事情。从今天起，你们的婚姻刚刚开始，结婚的那一天，也是麻烦开始的那一天。这个麻烦呢，从第一天起到最后你离开这个世界，永远不会停止。但是生活的快乐，生活的意义，也就是你们之间的矛盾带来的快乐。所以我希望不要埋怨对方，而是检查自己，两个人永远是团队合作。无论对父母、对孩子、对社会，两个人永远在一起。

第三，信任，也就是我们讲的诚信，假如你们两人之间没有信任，那么永远走不久，走不长。今后不管对你的父母，对你的孩子，永远不要隐瞒。前段时间我儿子十八岁生日那天，我说，不管你犯任何错，只要你讲真话，老爸一定支持你，理解你，跟你沟通。我希望你们，也能永远坚持信任对方。

第四，我们价值观里面的敬业。坚持到底，爱他（她）了，娶她了，嫁给他了，就不要说他（她）不好，就坚持一个他（她）吧。生活永远是这样，它的不完美才是它的魅力所在。激情很难持久，婚姻最高的价值、最高的境界，不是激情，平淡的生活才是真正的家庭生活。所以我希望大家记住，从激情到爱情，再从爱情变亲情，这才是最高境界。我相信你们的父母很多已经成为亲情，我们年轻人经常说爱情变成亲情多可悲，我认为，爱情变成亲情是最珍贵的，两个毫无血缘关系的人，居然可以像亲人一样。所以我想这辈子陪你走到底的，那就是另一半。孩子不能陪你，父母也不可能陪你，陪你的是另一半。激情偶尔可以有，但最重要的是你们之间的亲情。

还有最后一点，拥抱变化。什么事情都有可能发生，但是永远用积极、乐观的心态看待它，只有阳光的心态才能面对挑战，我希望大家记住阿里巴巴倡导的，认真生活，快乐工作。我们来到这个世界不是来做实验的，来到这个世界不是来成家立业的，来这个世界是体验人生的，而陪你体验人生的就是你的另外一半。

……

执子之手，与子偕老。选择了就永远不要退缩，往前走下去。解决问题的方法一定比问题多。

谢谢！祝福大家！

范例中，马云多采用的是鼓励、关怀的话语，对新郎和新娘表示祝福。在婚礼这个重要的场合，领导放下了平时的架子，以普通人的态度向新人贺喜，这不仅赢得了新人的认可，同时也得到在场所有人的认同。马云分析了结婚对于他们意味着什么，以及对新人以后的生活做出了希望和要求，这也体现了杰出领导的风范。

表钦佩，多感谢，送祝福

在各类人的婚礼当中，尤为特殊类型的婚礼，例如残障人士的，如果你被邀请去参加这样的婚礼，需要怎样构思，才能把话说得恰到好处呢？通常在这样特殊的场合，我们需要表达自己深切的敬意，对于他们一直乐观的生活态度表示赞扬，还要对他们送出真挚的祝福，希望他们在日后的生活中更加幸福。最重要的是，一定要避免说错话而破坏现场的喜庆气氛。所以不妨在讲话之前写好讲稿或者提纲，然后在正式脱稿讲话时才不会因为一时紧张或激动说错话，下面这篇讲话内容就是在残疾人婚礼上发表的，以此为例，来说明如何组织语言表达钦佩和祝福。

尊敬的各位来宾、亲朋好友：

锦堂双璧合，玉树万枝荣。

今天是一个大喜的日子，遥远的地方正炮火连天，在我们身边也有很多事情发生，可是依然有这样一对新人今天晚上走进新房。不管这个世界上发生了什么事情，一个男人和一个女人，为了爱情，为了生活，为了共同的信念走到一起，这是个永恒的、最大的主题。在这里我想首先感谢互联网，也感谢比尔·盖茨。在十年前，我们不可能相信天南地北的朋友，甚至是素未谋面的朋友，能够在这样一方小小的天地里为两位几乎大伙都没有见过的新人举办如此隆重又温馨的婚礼。但是互联网让这一切美好成为现实。

张帆是一个胳膊有残缺的姑娘，我认识很多这样的人，在世界的其他地方也有很多这样的人，他们因为失去了身体的一部分，而失去了心灵的健康。但是张帆并没有因为身体的残缺而自暴自弃，所以我觉得她是个幸福的人。在这里我非常感谢新郎，感谢他一直以来的真诚和理解给了张帆以生活的热情、动力和爱，使她变得更加可爱。

我们更应该感谢张帆，正是她的自信、乐观和勇于接受生活的态度给予她面对痛苦的勇气，而不是像某些人那样对生活采取隔绝或是排斥的态度，所以她今天得到这一切是理所当然的。

婚姻和爱情是一个非常漫长的过程，它几乎要花去两个人一生的精力。哦，他们的结婚彩照出来了，为我目前的证词提供了更多的喜庆和灵感。爱情是需要两人不断地、有创新地、有信念地、持之以恒地去撰写的一部大书。在今天这样一个喜庆的日子里，我们希望新郎和新娘能够从今天起直到永远，把爱情和婚姻书写好。

特殊人群婚礼上的讲话思路

在特殊人群婚礼上，我们需要怎样组织思路来搭建脱稿讲话的框架呢?

祝福两位新人在今日喜结连理!

首先，讲话者要在开场时表示祝贺。

这样有助于活跃现场的气氛，使全场都洋溢在热闹喜庆的氛围中。

其次，举例表示钦佩，感谢二位新人对于爱情的执着。

我一路看着他们走来，非常不容易……

在这部分，讲话者要举例来说明两个人在爱情和生活的道路上遇到的各种困难，以及他们是如何克服的。

祝两位新人百年好合，早生贵子!

最后，送出祝福。

讲话者在结尾的时候，要着重地表达对新人的祝福，祝福他们在婚后的生活中要相互理解、相互帮助，更加相亲相爱。

有的人有权位，有的人有金钱，有的人有学识，有的人拥有了生活中所有令人羡慕的东西，但如果说他没有自己美好的家庭、婚姻和爱情，那么他的一切都是有残缺的，都是不完美的。所以，让我们再一次地祝福这对新人。当你们走出第一步的时候，我希望你们能相濡以沫地携手走好人生的每一步。

这当中会有很多的风雨、困难和麻烦，但是我相信，当你们已经走出这样一步，已经为将来的道路找到了一个非常好的方向。希望你们把恋爱时期的浪漫和激情，在婚姻现实和物质生活中，一直保留到永远，一直到你们年老的时候，你们可以说：我们没有亵渎今天的婚礼，我们没有亵渎我们当初的誓言，我们的选择让我们满意，我们的选择使我们成功。请允许我再次代表今天出席的所有来宾向你们祝福，代表所有没时间来参加婚礼的亲朋好友们向新郎和新娘祝福。祝福二位百年好合、早生贵子、白头到老、永远幸福！

谢谢！

此篇范例，讲话者首先表达了自己对新郎和新娘的钦佩，钦佩他们对于生活和爱情的执着，这是所有人都需要学习的精神。接着，他感谢新郎用自己的真诚和理解，给新娘的生活带来了热情、动力和爱，同时也赞扬了新娘的自信、乐观的豁达精神。在接下来的话语中，讲话者还着重地表达对新人的祝福，希望他们在今后的生活中会一直牵手走下去。这样的讲话思路不仅迎合了婚礼的主题，更能博得现场每一位观众的掌声。

第五节

讨论座谈

重点突出，讲话不散

在座谈会上，我们常会发现，一些人常会东扯西拉，杂乱无章，人云亦云，完全没有自己的想法和主张，甚至有些人还常说一些空话、套话，说出的话没有任何价值，这就在很大程度上影响了座谈会的效果。我们要避免上述情况的发生就需要在讲话的时候，突出重点，集中论述，这样才能取得预期的效果。我们通过一篇讲话范例来说明如何做到重点突出，讲话不散。

同志们：

经市局党组研究，今天召开全市地税系统思想政治工作座谈会。会议的主要任务是，传达全省地税系统思想政治工作座谈会精神，总结交流近年来全市地税系统思想政治工作经验，研究部署今后一个时期的思想政治工作任务，不断推动地税事业又好又快发展。下面，我讲几点意见。

一是全面加强干部思想建设，以理论教育激人心。从改造干部职工思想入手，在理论教育方面下功夫，求实效。认真开展保持共产党员先进性教育活动，培养党员干部坚定的理想信念、高尚的思想品德、务实的工作作风、清廉的个人操守。深入开展学习实践科学发展观活动，充分激发了干部群众解放思想、加快发展的原动力。

……

二是切实加强领导班子建设，以率先垂范赢人心。我们按照改革创新、清正廉洁、富有活力、团结和谐的要求，建设高素质的领导班子。建设各级学习型领导班子，紧扣全市经济社会发展思路，大力开展调查研究和工作创新，孵化培育工作亮点，定期组织巡回看变化，提升了各级领导干部勇于破解难题、善于抓好落实的能力。认真贯彻民主集中制原则，推进决策的科学化和民主化，不断增强班子的合力，充分发挥班子的核心作用。

……

三是不断加强制度体系建设，以人为本管理聚人心。教育是先导，制度是保证。我们先后制定了《思想政治工作实施办法》等一系列制度办法，建立了推进思想政治工作的长效机制。落实领导包片挂点制度。广泛开展“领导帮干部、先进帮落后、党员帮群众”思想结对帮扶互助活动，落实帮教对象，明确帮教责任，形成帮教网络，把干部的思想问题解决在基层，矛盾化解在基层。

……

四是大力加强地税文化建设，以文化熏陶润人心。加强地税文化建设是推进思想政治工作的有效途径。我们以构建“和谐地税”为目标，以地税文化建设和文明创建为载体，着力构建和谐的领导班子、和谐的干群关系以及和谐的创业环境。全面实施了“楼、洲、带、园”地税文化建设工程，打造了市局规范“三个系统”、县局搭建“十个平台”、分局培育“六小文化”的地税文化立体景观，着力营造关心人、尊重人、发展人的文化氛围。

此篇范例，讲话者切入很具体，通过座谈会的主要精神进入主题，进而阐述怎样推动地税事业又好又快地发展，接着提出了自己的几点意见，并且做到重点突出，而且还不让自己的讲话很散，这样的方式值得我们学习参考。

分层论述，以事实为依据

在座谈会上，假如你是某方面的资深人士，就要比一般人谈得更加深入一些，而要做到这一点，又要让听众能听懂你的观点，以事实为依据就是最好的论证方法，在论述时可以分层论述，让听众有个接收的过程。下面以某女职工代表在座谈会上的发言为例，看一下分层论述的讲话形式。

尊敬的各位领导、姐妹们：

……

今天这个座谈会，我觉得形式非常好，既给大家提供了一个相互交流的平台，也给了大家和局领导面对面沟通的机会。我作为一个从基层单位刚到局机关工作的女干部，无论是资历、阅历、能力还是成绩，都没有什么可圈可点之处，还需要不断向大家学习。在此，我只想借这个难得的机会，说说自己的成长经历和体会乃至困惑，与大家交流共勉。

一、经历是最宝贵的人生财富。我觉得一个人的经历应该是这个人成长的最大财富。我工作经历虽然不算丰富，但它们让我饱尝了酸甜苦辣，更给了我无数的磨炼和启迪，这些都是我一生都用之不尽的宝贵财富。应该说一分耕耘一分收获，有付出才会有回报。在每个工作岗位上都要踏踏实实、勤奋努力，才能走向成功。

二、挫折是最难得的人生际遇。但正是这段时期，不仅迫使我静下心来，解剖反省自己，发现和改进了许多不足；更重要的是使我拥有了一颗平常心，能坦然地面对个人的进退得失，排除干扰，集中精力干好工作，做到不留遗憾，无愧于心。

三、心态是最重要的人生功课。态度决定一切。人生不可能一成不变、一帆风顺。因此，适时调整心态就是至关重要的功课。如果说这些年来我真有什么经验可交流的话，就是始终保持良好的心态，保持积极向上的动力。走上领导岗位后，我始终坚持高调做事、低调做人的原则，对待同级虚心学习，吸收他人之长；对待下级关心爱护，既严格要求也真诚体谅，用自己对事业的激情去感染他们，激励他们向着共同的目标努力。

在自己的努力和大家的帮助下，我也取得了不少成绩，荣获了一些荣誉。我的内心充满了感激，感谢局领导多年来对我的培养和鼓励；感谢五队班子成员对我的关心和爱护；感谢广大职工对我的支持和帮助。今后的人生我还会经历更多的考验，更多的磨难，但我会始终直面困难，笑对人生。

当前，面对机遇和挑战，如何抢抓机遇，应对挑战，为我局可持续发展发挥好我们女职工的作用，我谈几点个人意见：

第一，我们要加倍自信。自知者明，自信者强。自信是女性走向成功的精神力量。希望广大女同胞进一步增强主人翁意识，积极投身到我局各项工作中去，切实发挥“半边天”的作用。

第二，我们要更加聪慧好学。时代的发展呼唤富有知识和智慧的女性。21世纪是以创新为主导的世纪，我们女同胞们更要弘扬善于学习、崇尚知识的优良传统，树立终身学习的新理念，不断提升个人知识素养，增强创新意识，培养创新精神，提高创新能力，不断提高学习和掌握运用现代科学技术的能力，练就过硬的本领，努力成长为一专多能的知识型员工，做一个自尊、自信、自立、自强的新型女性。

第三，我们要加倍热爱生活。女性是生命的直接创造者和养育者，妇女是家庭生活的重要组织者。热爱家庭、热爱生活是女性的优良美德。女性在建立科学文明的生活方式，营造民主、和谐、温馨的家庭人际关系，教育子女健康成长，优化家庭教育环境等方面发挥着不可替代的特殊作用。希望我们女同胞能从自身做起，从点滴事情做起，大力弘扬社会新风，成为社会公德、职业道德、家庭美德的宣传者、实践者。也希望男同胞们在家里要关爱、呵护自己的母亲、妻子、女儿，在单位要关心、尊重、帮助女干部。

最后，我希望所有的女人都能成为“三丽女人”，即有美丽，有能力，有魅力！也希望大家在以后的岁月里，更加努力工作，用我们的双手和智慧再创佳绩、再立新功！

座谈会上的精彩讲话思路

在一般的座谈会上，我们需要构建怎样的思路才能让脱稿讲话讲得精彩呢?

……今天我主要讲一下最近我们研发组的最新成果以及遇到的难题……
座谈会

1. 根据“会旨”选好发言主题

一般说来，座谈会开始时，主持人要交代座谈的意图，讲话者需要确定好发言主题。

2. 提出新颖出奇的观点

讲话者可以选择一个独特的视角，另辟蹊径，发表自己独特的见解，或对别人的观点进行补充。

……对于刚才陈主任说的，我觉得还有一点需要再补充一下……

……我对这个问题是这样看的……这就是我的观点，谢谢!

3. 简要结尾，干脆有力

根据座谈会的性质和特点，讲话者进行简要总结，并且有力地把话说到位。切记不要拖泥带水。

谢谢大家！

此篇范例，讲话者分层论述了自己取得的成绩以及在今后的日子中需要在哪些方面做出努力，在论述的过程中是以事实为根据，清楚明了地阐述了自己的想法和观点。

整体构思要完整清晰

作为对某一话题或者是专题的讨论，讲话者要构建完整清晰的思路，头、肚、尾要完善而丰富，要做到周到而全面，只有这样，才能让听众了解你的想法。下面的范例是 2007 年马化腾在网络与知识产权刑法保护研讨会上的讲话，我们一起来体会一下那次讲话的整体构思。

尊敬的各位领导、嘉宾、朋友们：

大家好！

很荣幸可以参加这个研讨会，与各位来宾一起讨论网络与知识产权的刑事法律保护问题。腾讯作为中国领先的互联网企业，近年来，深刻地感受到了互联网产业在我国的蓬勃发展。根据中国互联网络信息中心最新发布的“第十九次中国互联网络发展状况统计报告”，截至去年年底，我国网民总人数为 1.37 亿人，其中宽带上网人数达到 6430 万人；网民总人数和宽带上网人数均位居世界第二。这表明中国正在进入一个“高速”的网络应用时代，并在全球互联网产业中占有越来越重要的地位。

但与此同时，计算机及网络领域的新型犯罪也接踵而来。在我们所接触到的网络犯罪行为，多以窃取用户“互联网服务使用账号”等手段来达到侵权目的，这些行为扰乱了正常的网络秩序，给广大人民群众的现实生活带来诸多负面影响。然而，我们却明显地感受到这类违法犯罪频繁发生却难以控制，除了该类行为具有隐蔽性强等特征之外，还有社会环境、法律体系、技术、管理、教育等多方面的原因。例如，当前的法律对许多网络不法行为还难以定罪或者量刑过轻，起不到应有的惩戒与震慑作用。同时，网络道德标准没有确立，缺乏正确的教育引导，一些实施网络侵权行为的不法分子，如黑客、病毒制作者等反而被当成“技术天才”，使我们的社会评价体系发生了不应有的倾斜。

网络的违法犯罪行为给和谐社会、和谐网络的建设带来了严峻挑战。充分运用法律手段，加强网络管理，有效维护网络秩序已是刻不容缓。2007 年 1 月 8 日，为了遏制网络盗窃行为的危害，腾讯就联合网易、金山、盛大、九城等五家知名的网络服务商联合提出了成立“反网络盗窃联盟”的呼吁，希望打击网络盗窃的行为，维护用户网络财产的安全。未来，腾讯也希望与各方一起以积极的态度、创新的精神，同网络盗窃行为做坚决的斗争，把互联网建设好、利用好、管理好。

今天，我非常高兴与大家会聚在此，共同探讨网络与知识产权刑事法律保护这么一个有着重要实践意义的话题。我预祝研讨会取得圆满成功，冀望我国网络与知识产权刑事保护的研究和实践取得更大进步。

谢谢！

此篇范例思路清晰，条理顺畅，把讨论的主题清楚明了地阐述出来，让人们深刻地认识到网络的知识产权已被严重侵犯，呼吁在场人士一起同网络盗窃的行为做斗争，建立新型的互联网运营环境。

在讨论座谈会上，我们如何构思以使脱稿讲话思路更加清晰、顺畅呢?

首先，指出与讨论主题相关的问题。换句话说，就是让讲话者列举一些现象，指出目前存在的问题。讲话者可以多举一些事例来说明这些现象。

其次，阐述问题的危害。在这部分，讲话者不要夸大其词，也不要过分缩小危害，要中肯地、客观地评价，如给人们的生活造成了哪些不良影响，如果不遏制的话，就会遭受哪些更严重的影响，等等。讲述这部分的目的是为了让听众重视问题。

最后，呼吁在场的所有人员一起行动。讲话结尾时，如果没有想出具体的解决办法或者是暂时找不到问题的突破口，就需要呼吁所有人一起为解决问题而行动。此外，还可以表示希望，希望越来越多的人重视这个问题。

图书在版编目 (CIP) 数据

脱稿讲话与即兴发言：成就人生的口才技巧 / 簌簌著. -- 北京：中国华侨出版社，2019.12（2024.3 重印）
ISBN 978-7-5113-8085-2

Ⅰ.①脱… Ⅱ.①簌… Ⅲ.①演讲②口才学 Ⅳ.①H019

中国版本图书馆 CIP 数据核字（2019）第 273533 号

脱稿讲话与即兴发言：成就人生的口才技巧

著　　者：簌　簌
责任编辑：高文喆
封面设计：冬　凡
美术编辑：张　诚　刘欣梅
插图绘制：韩渝可　李小永
经　　销：新华书店
开　　本：880mm × 1230mm　1/32 开　印张：8　字数：180 千字
印　　刷：三河市华成印务有限公司
版　　次：2020 年 5 月第 1 版
印　　次：2024 年 3 月第 10 次印刷
书　　号：ISBN 978-7-5113-8085-2
定　　价：38.00 元

中国华侨出版社　北京市朝阳区西坝河东里 77 号楼底商 5 号　邮编：100028
发 行 部：（010）88893001　　传　　真：（010）62707370